成方三十二译丛

U0846449

Sustainability and Financial Risks:

The Impact of Climate Change, Environmental Degradation and Social Inequality on Financial Markets

可持续发展与金融风险

——气候变化、环境恶化和社会不平等对金融市场的影响

（意）马尔科·米廖雷利（Marco Migliorelli）
（法）菲利普·德赛尔蒂纳（Philippe Dessertine） ◎ 主编
"成方三十二译丛"翻译组 ◎ 译

中国金融出版社

责任编辑：黄海清
责任校对：孙　蕊
责任印制：张也男

图书在版编目（CIP）数据

可持续发展与金融风险：气候变化、环境恶化和社会不平等对金融市场的影响/（意）马尔科·米廖雷利（Marco Migliorelli）（法）菲利普·德赛尔蒂纳（Philippe Dessertine）主编；“成方三十二译丛”翻译组译.—北京：中国金融出版社，2022.1
（成方三十二译丛）
ISBN 978－7－5220－1450－0

Ⅰ.①可…　Ⅱ.①马…②成…　Ⅲ.①经济可持续发展—关系—金融风险—研究　Ⅳ.①F830.9

中国版本图书馆 CIP 数据核字（2021）第 273591 号

可持续发展与金融风险——气候变化、环境恶化和社会不平等对金融市场的影响
KECHIXU FAZHAN YU JINRONG FENGXIAN: QIHOU BIANHUA, HUANJING EHUA HE SHEHUI BUPINGDENG DUI JINRONG SHICHANG DE YINGXIANG

出版发行　中国金融出版社
社址　北京市丰台区益泽路 2 号
市场开发部　(010)66024766，63805472，63439533（传真）
网上书店　www.cfph.cn
(010)66024766，63372837（传真）
读者服务部　(010)66070833，62568380
邮编　100071
经销　新华书店
印刷　河北松源印刷有限公司
尺寸　169 毫米×239 毫米
印张　8.25
字数　101 千
版次　2022 年 2 月第 1 版
印次　2022 年 2 月第 1 次印刷
定价　35.00 元
ISBN 978－7－5220－1450－0

译者的话

近年来，随着全球能源、资源、环境等问题日益严峻，如何实现人类经济社会的可持续发展逐渐成为国际社会备受关注的问题。2015 年 9 月，联合国发展峰会通过 2030 年可持续发展议程，提出了涵盖经济、社会、环境三大领域的 17 项可持续发展目标，为各国发展和国际发展合作擘画了蓝图。《巴黎协定》的达成，为全球应对气候变化作出了行动安排。我国坚持以人民为中心的发展思想，贯彻新发展理念，把可持续发展议程同我国发展战略有机结合，为全球发展事业贡献了中国智慧和中国方案。特别是 2020 年 9 月，碳达峰、碳中和目标的提出，进一步体现了我国推动实现可持续发展的责任担当。

在推动经济社会可持续发展进程中，金融体系的支撑作用受到越来越多的重视，可持续金融、绿色金融、气候金融等政策框架逐步出台，并在全球主要经济体国家战略层面形成高度共识。关于金融与可持续发展之间的关系，当前研究主要聚焦于金融在促进实现气候友好、环境改善和社会发展目标方面发挥的作用，但关于可持续发展风险对金融机构和金融市场的影响，当前尚鲜有评估和讨论，而忽视这一影响却可能引发多种弊端，甚至危害金融稳定。本书深入探讨了可持续发展与金融风险之间的关系，有效填补了当前的研究空白。鉴于此，人民银行团委精心挑选本书作为“成方三十二译丛”项目的第六本译作。

本书由欧盟委员会经济学家、法国巴黎第一大学企业管理学院（索邦商学院）副研究员马尔科 · 米廖雷利（Marco Migliorelli）与法国巴黎第一大学企业管理学院（索邦商学院）金融学教授、法国高级国际金融学院院长、法国公共财政高级理事会前成员菲利普·德赛尔蒂纳（Philippe Dessertine）共同编著。全书共分为5个章节，分别就可持续发展风险与金融风险的关系、气候风险对银行和保险行业的影响、低碳经济转型中的搁浅资产问题、可持续发展风险管理和信息披露问题以及可持续发展风险对金融稳定的潜在影响、相关政策及审慎监管措施以及中央银行的作用进行了系统分析和探讨。

本书翻译工作历时近一年，翻译团队由来自人民银行济南分行、重庆营管部、贵阳中心支行、宁波市中心支行、中国银联等单位的29位央行青年组成。具体分工是：孔仪方、何君玲、李雅晴、孙东岩、陈颖辉、张秀清（前言、致谢、目录、第一章），任丹妮、张小龙、郑六江、胡昊、韦相虹、江俊蓉（第二章），张赶、郭姝佟、牟思思、郝杨、王香入、徐心雅（第三章），范放立、励宇杰、李钇宏、何毅诚、张星辰（第四章），于若辰、高鹏飞、黄一蕾、傅晓骏、樊晓枭（第五章），黄一蕾（索引）。孔仪方、董鹏、傅晓骏对全书进行了审校和统稿。

本书中文版得以付梓，离不开翻译团队所有成员的辛劳付出与通力协作，全书的翻译工作均是利用业余时间完成。翻译工作开展以来，团队成员秉持严谨求是、精益求精的匠人精神，在潜心研读原著的基础上，查阅大量背景资料，对译文反复切磋、推敲、琢磨，力求译文在尊重作者原意的同时，符合国人的思维习惯和语言习惯。由于水平所限，本书的翻译难免存在疏漏与不当之处，敬请广大读者批评斧正。作为该领域具有一定前沿性、创新性的研究，原著的部分观点结论也有待时间与实践的检验。我们真诚希望本书能够为广大读者提供参考、启发和深入思考的起点。

在此，要衷心感谢为本书中文版的面世贡献力量的单位和个人。感谢人民银行团委为央行青年搭建成长历练、施展才干的平台；感谢人民银行济南分行、重庆营管部、贵阳中心支行、宁波市中心支行、中国银联对本书翻译工作的高度重视与大力支持；感谢中国金融出版社黄海清编辑的悉心审校与中肯建议。

随着本书中文版的面世，翻译团队的工作也将告一段落。但是，作为人民银行的一员，立足新发展阶段，贯彻新发展理念，为构建新发展格局提供良好的货币金融环境，是我们义不容辞的责任；金融支持绿色低碳发展，助力实现碳达峰、碳中和目标，推动我国经济迈上更高质量、更有效率、更加公平、更可持续、更为安全的发展之路，也需要我们坚持善思笃行、不懈努力！

献给梅尔和艾米莉

前　言

人类活动的可持续发展问题在政府和国际组织议程中的重要性日益凸显。当前，应对气候变化、保护生态环境及减少社会不平等始终是政治社会领域的核心辩题。在这方面，《巴黎协定》和联合国可持续发展目标（SDG）为国际社会构建气候中和经济和更加公平的社会奠定了基础。在此背景下，金融作为实现这一宏伟政策目标的关键促成因素，其作用正在加强。可持续金融、绿色金融、气候金融等框架逐渐涌现，决策者对此也越来越支持，推动上述金融创新成为主流。

然而，关于金融与可持续发展之间的关系，目前主要从单一方向进行分析，即聚焦于金融在促成气候、环境和社会目标上起到的关键作用。相反，可持续发展风险可能给金融机构及金融市场带来的影响，即气候变化、环境恶化、社会不平等等因子如何引发新的金融风险，迄今却鲜有评估，仅在近期才被金融机构和决策者所关注。然而，在不久的将来，随着部分可持续发展风险（如气候变化）加剧，这一影响的重要性将大幅提高。

忽视可持续发展风险对金融机构影响的重要性，可能产生两大弊端。一方面，这可能导致不能有效评估金融业对支持不同类型的可持续投资所作出的承诺，尤其是在更易受可持续发展风险影响的地区和经济部门，银行或保险公司拒绝承担可持续发展风险带来的额外金融风险的情况确有可能发生。例如，保险公司可能拒绝为洪涝风险上升地区的居民承保，银行可能对沙漠化日益严重地区的农户限贷。另一方面，银行和保险公司可能会低估可持续发展风险对其业务的长期影响，如果发生系统性、广泛性低估，则终将影响金融稳定。事实上，目前关于气候变化等可持续发展风险对金融机构资产影响的证据很少；将可持续发展风险纳入既有风险管理框架和定价机制的可能策略也很少。

当前关于可持续发展风险与金融风险之间关系的研究极少，本书旨在深入探究二者的关系，共分为5章。在第1章，马尔科·米廖雷利（Marco Migliorelli）概述了可持续发展风险与金融风险关系的关键特征。首先介绍了金融在推动提升社会发展可持续性方面，特别是在《巴黎协定》和联合国可持续发展目标（SDG）框架下所能发挥的作用；其次论述了可持续发展风险（特别是气候变化、环境恶化、社会不平等、政策和技术变迁等）可能导致的金融风险；最后探讨了充分考虑作为金融风险来源的可持续发展风险，无论是就定价调整，还是就潜在的新型市场失灵而言，可能产生的负面影响。在第2章，乔治·卡塞利（Giorgio Caselli）和卡塔琳娜·菲格拉（Catarina Figueira）深入分析了气候变化对银行业和保险业的潜在影响，介绍了气候变化的物理风险、转型风险和责任风险可能引发银行和保险公司金融风险的主要渠道以及当前可得的关键数据。在第3章，奥拉夫·韦伯（Olaf Weber）、特鲁扎尔·多迪（Truzaar Dordi）和阿德博耶·奥耶贡（Adeboye Oyegunle）专门探讨了低碳经济转型中的搁浅资产问题。首先概述了搁浅资产发展历程，并进行系统的文献综述；其次针对引发搁浅资产风险的多重因素，设计综合性分析方法，并通过案例研究展示了不同地区对搁浅资产风险的差异化反应；最后指出当前研究的局限性，并提出未来研究计划。在第4章，马尔科·米廖雷利（Marco Migliorelli）和弗拉基米罗·马里尼（Vladimiro Marini）概述了金融机构对可持续发展风险对其业务的现实和潜在影响开展充分考量，可能对其战略和组织架构产生何种影响。首先分析了风险管理框架的主要构成要素，该框架需要在管理委员会、风险管理部门和风险管理“第一道防线”——业务运营部门的职权范围内进行专门发展；其次探讨了可持续发展相关信息披露问题，内容涉及既有标准，以及实际政策环境中信息披露对市场约束有效性的影响。在第5章，马尔科·米廖雷利（Marco Migliorelli）、尼古拉·西姆波利（Nicola Ciampoli）和菲利普·德赛尔蒂纳（Philippe Dessertine）对可持续发展风险对金融稳定的潜在影响进行了论证。首先列示了金融机构为更好地管理可持续发展风险所作的改进，探讨了一系列旨在缓解控制可持续发展风险对金融风险潜在影响、维护金融稳定的政策措施；其次特别强调了改进审慎监管方法和加强中央银行领导作用的重要性。

马尔科·米廖雷利（Marco Migliorelli），
菲利普·德赛尔蒂纳（Philippe Dessertine）
法国巴黎

致谢：我们要感谢所有为本书作出贡献的人。本书得以付梓离不开他们的专业知识和辛劳付出。

目　录

参与者简介

乔治·卡塞利（Giorgio Caselli）是英国剑桥大学商业研究中心研究员，拥有英国克兰菲尔德大学金融经济学博士学位，研究方向为商业经济学和金融学的交叉领域，尤其关注企业行为如何影响宏观经济。

尼古拉·西姆波利（Nicola Ciampoli）是意大利罗马圣玛丽亚自由大学（LUMSA）金融中心兼职教授，也是一名独立顾问和注册会计师，拥有意大利罗马第二大学博士学位，研究方向包含银行业在支持可持续发展中的作用和银行业监管。

菲利普·德赛尔蒂纳（Philippe Dessertine）是法国巴黎第一大学企业管理学院（索邦商学院）金融学教授，法国高级国际金融学院院长，也是法国公共财政高级理事会前成员，出版过多本关于金融在现代社会中作用方面的著作。

特鲁扎尔·多迪（Truzaar Dordi）是滑铁卢大学可持续发展管理方向博士研究生，研究方向涵盖气候金融、能源政策和风险管理等领域，尤其关注低碳转型过程中金融体系稳定性。

卡塔琳娜·菲格拉（Catarina Figueira）是克兰菲尔德大学应用经济学和政策教授，经济与金融研究中心负责人，克兰菲尔德管理学院经济政策和绩效小组负责人，设立和指导了英国首个零售和数字银行学硕士点，研究方向包括金融机构绩效和监管变化的影响。

弗拉基米罗·马里尼（Vladimiro Marini）是罗马第三大学初级助理教授，拥有罗马第二大学银行学和金融学博士学位，研究方向主要为私募股权投资，特别是基金经理技能获取。

马尔科·米廖雷利（Marco Migliorelli）是欧盟委员会经济学家[①]，巴黎第一大学企业管理学院（索邦商学院）副研究员，拥有罗马第二大学银行学和金融学博士学位，主要研究方向包括绿色金融与可持续金融、合作银行学以及金融工具创新。

阿德博耶·奥耶贡（Adeboye Oyegunle）是滑铁卢大学可持续发展管理博士研究生，拥有该校可持续发展管理硕士学位，研究方向包括气候金融、气候情景和风险管理，重点关注金融可持续发展法规和指导方针。

奥拉夫·韦伯（Olaf Weber）是滑铁卢大学教授，该校可持续金融学负责人，《可持续金融与投资》（*Journal of Sustainable Finance and Investment*）杂志主编，拥有比勒菲尔德大学博士学位，研究方向包括金融机构与可持续发展之间的关系，以及可持续发展与企业财务表现之间的关系。

① 本书内容不一定代表欧盟委员会官方观点，所涉信息观点全部文责由作者承担。

图目录

表目录

第 1 章　可持续发展—金融风险关系

马尔科·米廖雷利（Marco Migliorelli）

摘要：本章对当下可持续发展风险（源于气候变化、环境恶化、社会不平等、政策与技术变迁）与金融风险的关系进行了综述，得出两点主要结论，凸显了这一关系的重要性。首先，在不远的将来，可持续发展风险预计将上升，可能对银行和保险公司的财务业绩产生广泛影响。其次，基于对可持续发展风险的充分考量，金融机构可能大幅调整对部分地区及部分经济部门金融服务的定价，并引发新型市场失灵（表现为信贷削减、对风险不予承保等形式）。本章结尾处提出了系统描述可持续发展风险与金融风险关系的结构化分类法。

关键词：可持续发展风险；气候变化风险；物理风险；转型风险；金融风险；可持续金融

1.1　引言

迄今为止，在讨论可持续发展与金融之间的关系时，政界和学术界争论的焦点主要为金融在推动构建气候中和经济和更公平的社会中可能发挥的作用。在这一领域，可持续金融、绿色金融、气候金融等概念和框架不断涌现[①]，并以新型金融工具（如绿色债券和

马尔科·米廖雷利（Marco Migliorelli），法国索邦大学商学院，电子邮箱：Marco. Migliorelli@ ec. europa. eu。

① 参见联合国环境规划署（2016）或 Berrou（2019a）。

可持续发展基金）、上市期权（如全球部分证券交易所为可持续发展证券开辟专门板块）、证券认证（如为金融证券贴注“绿色”和“气候”标识）和特定融资支持计划（如世界银行、欧洲投资银行可持续投资项目）等形式固化于金融业运行之中。探讨上述问题的文献也不断涌现（如 Lehner，2016；Ziolo 和 Sergi，2019；Migliorelli 和 Desserine，2019a）。

然而，对于气候变化、环境恶化、社会不平等等因子如何影响金融机构和金融市场，即可持续发展—金融风险关系（sustainability - financial risk nexus），迄今却鲜有关注。事实上，这一影响机制极其重要，甚至可能引发系统性问题。部分机构（如欧盟委员会，2018a；国际清算银行，2020）发现，各类金融机构若不能以恰当方式将可持续发展风险纳入金融风险管理框架，长期可能对整个金融体系的稳定性造成威胁。

为深入分析这一问题，本章结构安排如下：第 1. 2 节将对当下金融对可持续发展的促进作用进行综述，内容涉及 2015 年通过的联合国可持续发展目标（SDG）和《巴黎协定》及其政治、社会谈判过程，以及成果议程中规定金融应作出的贡献。第 1. 3 节将介绍可持续金融总体框架中的可持续发展—金融风险关系，并对该领域为数不多的文献进行综述。第 1. 4 节提出一种更为全面的方法来分析可持续发展风险与金融风险之间的关系，并给出描述二者关系的结构化分类法。第 1. 5 节对金融机构在充分考虑可持续发展风险后调整金融服务定价的关键考量因素进行了全面审视，并探讨了日益加剧的可持续发展风险可能导致的新型市场失灵。

1. 2　金融在促进可持续发展方面的作用

1. 2. 1　联合国可持续发展目标（SDG）和《巴黎协定》

针对人类活动可持续性的关切和探讨已经持续了几十年（如

Renneboog 等，2008；Berrou 等，2019b）。然而，关于这一问题的政治、社会探讨，仅在最近几年才取得积极进展。2015 年 9 月通过的 SDG 和同年底通过的《巴黎协定》①，标志着人类在抗击气候变化和可持续经济转型方面进入新纪元②。

SDG 是联合国大会（UNGA）《2030 年可持续发展议程》的一部分。该议程是“为人类、地球与繁荣制订的行动计划，致力于促进世界和平与自由”（联合国，2015）。SDG 拟于 2030 年前实现，其优势在于明确了国际社会在推动构建可持续发展社会中的优先事项，强调了保护环境、确保全人类良好生活条件和抑制经济发展负面影响的重要性。表 1.1 列示了其包含的 17 项可持续发展目标。此外，SDG 还设置了 169 项子目标和 242 项全球性指标，用以监测目标完成进度。实际上，SDG 反映了可持续发展所特有的全部三个维度，即经济、社会和环境维度。出于全人类利益考虑，应将可持续发展视为待解决的核心问题之一。在政治最高层广泛接受 SDG，无疑是促成这一共识的重要成功和关键一步。

经过并行程序，《巴黎协定》在致力于限制全球温室气体（GHG）排放的全球环境公约——《联合国气候变化框架公约》（UNFCCC）下达成。UNFCCC 自 1995 年起每年召开缔约方大会（COP）。在第 21 届缔约方大会③上通过了《巴黎协定》，当时全球领导人正致力于对气候变化威胁加强全球应对，“将全球平均气温较前工业化时期上升幅度控制在 2 摄氏度以内，并努力将气温上升幅度限制在 1.5 摄氏度以内”。为实现上述宏伟目标，合理调动和供应金融资

---

① 《巴黎协定》在《联合国气候变化框架公约》（UNFCCC）下达成。UNFCCC 是旨在限制全球温室气体（GHG）排放的全球环境公约，在当前仍然具有法律效力。UNFCCC 自 1995 年起每年召开缔约方大会（COP）。在 1997 年日本京都举办的第三届缔约方大会上通过了《京都议定书》，作为 UNFCCC 的补充条款，这是全球首个具有法律约束力的气候协议。《巴黎协定》在第 21 届缔约方大会上通过。

② 值得关注的环保倡议还包括 2015 年 5 月教皇方济各（Pope Francis）发布的通谕《愿你受赞颂：论爱惜我们共同的家园》，该通谕提出了环境恶化和气候变化问题。

③ 在第 21 届缔约方大会前，UNFCCC 已取得令人鼓舞的成果。在 1997 年日本京都举办的第三届缔约方大会上通过了《京都议定书》，这是全球首个具有法律约束力的气候协议。

源、搭建新的技术框架和强化能力建设得到空前关注。《巴黎协定》要求所有缔约方践行“国家自主贡献”（NDC），并定期报告排放情况和实施行动。各缔约方须就此事项每5年召开一次会议，并有义务构建稳健、透明、可解释的报告系统用于追踪进展①。尽管《巴黎协定》已在全球范围达成，但各缔约方仍需作出更多努力，以确保协定在应对气候变化中发挥实质性作用（Berrou 等，2019b）。实际上，《巴黎协定》并无完全的法律约束力，对于各缔约方是否践行承诺，也无系统性验证手段②。碳定价、停止化石燃料开采等重要事项，也不再列入气候政策辩题。另外，2018 年，致力于评估气候变化科学知识的联合国组织——联合国政府间气候变化专门委员会（IPCC）警告称，全球需要将温度较前工业化时期上升幅度控制在1.5摄氏度以内，以降低极端天气出现的可能性，并强调降低温室气体排放这一任务较此前估计更加紧迫（IPCC，2018）③。

表 1.1　　　　联合国可持续发展目标（SDG）

序号	可持续发展目标	内容概要
SDG1	消除贫困	在世界各地消除一切形式的贫困
SDG2	实现零饥饿	消除饥饿，实现粮食安全，改善营养和促进可持续农业
SDG3	健康和福祉	确保健康生活方式，促进各年龄段人群福祉
SDG4	优质教育	确保普惠、公平的优质教育，促进全民享有终身学习的机会
SDG5	性别平等	实现性别平等，为所有妇女、女童赋权
SDG6	清洁饮用水和环卫设施	确保人人享有清洁饮用水和环卫设施，并实施可持续管理
SDG7	可负担的清洁能源	确保人人可获得可负担、可靠、可持续的现代能源
SDG8	体面的工作和经济增长	促进持久、普惠、可持续的经济增长，实现充分就业和生产性就业，确保人人有体面的工作
SDG9	产业、创新和基础设施	建设有风险抵御能力的基础设施，促进普惠、可持续产业化，并推动创新

---

① 《巴黎协定》所涉气候承诺将于2020年作出首次修订，此后每5年修订一次。2023年将进行整体评估，此后每5年评估一次。

② 另外，2017年6月，美国总统唐纳德·特朗普宣布有意让美国退出《巴黎协定》。就协议本身来看，美国最早可于2020年11月退出。

③ 需要特别指出的是，全球碳中和需要在21世纪中叶前实现，其他温室气体净零排放也应在此后不久达成。

续表

序号	可持续发展目标	内容概要
SDG10	减少不平等	减少国家内部和国家之间收入不平等
SDG11	可持续的城市和社区	建设普惠、安全、有风险抵御能力和可持续发展的城市及人类居住区
SDG12	负责任的消费和生产模式	确保可持续的消费和生产模式
SDG13	气候行动	采取紧急行动应对气候变化及其影响，控制排污，推动可再生能源开发
SDG14	水下生物	保护海洋及海洋资源，实现可持续利用，以促进可持续发展
SDG15	陆地生物	保护、恢复和促进陆地生态系统的可持续利用，可持续管理森林，防治沙漠化，遏制和扭转土地退化现象，遏制生物多样性丧失
SDG16	和平、司法和强有力的机构	促进有利于可持续发展的和平和普惠型社会，为所有人提供诉诸司法的机会，在各层级建立有效、负责和普惠的机构
SDG17	推动实现上述目标的伙伴关系	加强执行手段，重振可持续发展全球伙伴关系

资料来源：作者根据《2030 年可持续发展议程》（联合国，2015）中关于 SDG 的描述加工整理。

SDG 和《巴黎协定》的达成，以及民间团体对可持续发展问题的日益关注，给各国政府和国际组织（如欧盟委员会，2019a）提出了新的议程。这一转变体现了对当下经济和社会结构的深刻反思，需要辅以强大的政治承诺、雄厚的技术投资、合适的监管方式以及消费和行为方式转变才能实现（如欧盟委员会，2018b）。在这一背景下，确保足够的金融资源用于支持转型，成为不可或缺的促成因素①。

1.2.2　可持续金融的兴起

对当下所谓的可持续金融进行精准定义并非易事。实际上，金

① 例如，据估计，仅欧盟地区每年就需要投资 5200 亿～5750 亿欧元，才能在 2050 年前实现温室气体净零排放。

融机构、政府和国际组织倾向于根据各自的潜在动机设置定义（联合国环境规划署，2016；国际金融公司，2017）。另外，关于金融与可持续发展之间的关系存在种种可能的解释，使得定义工作更为艰难。其中最重要的解释，关乎环境、社会和公司治理（ESG）标准（如 Friede 等，2015），影响力投资和社会责任投资（SRI）（如 Vandekerckhove 等，2012；Hebb，2013），金融投资对环境恶化的影响分析（如 Tamazian 等，2009），对气候变化和人权问题的关切（如 Alm 和 Sievänen，2013），金融行为负外部性评价（如 Ziolo 等，2019），以及可持续金融的新形式——金融机构采用“双重底线”方法，平衡财务业绩与社会目标（如 Migliorelli，2018）。

然而，为更好地框定可持续金融的边界及其构成，SDG 框架可以作为当下新的参考。由此可见，无论金融工具以何命名、作何设计，所有旨在实现 SDG 的金融业务存量和流量均可纳入可持续金融范畴。另外，当下提及的绿色金融和气候金融也可视作广义可持续金融的重要组成部分[①]。其中，绿色金融可定义为旨在推动实现与环境相关 SDG 的金融业务存量和流量[②]，气候金融可定义为绿色金融中专注气候行动（如缓解、适应气候变化[③]）的部分。图 1.1 描述了上述概念之间的关系。

近年来，可持续金融的构成不断丰富，其中最重要的要数绿色金融的纳入。例如，欧洲投资银行自 2007 年首次发行绿色债券以来，绿色债券市场实现了年均两位数的增长，2018 年最新一次发行规模超过 1600 亿美元[④]。与此同时，各类投资者在当下也可投资那些功能等同于可持续证券、绿色证券的传统金融证券。实际上，大量金融部门和部分决策者已经适应上述改变，推出大量计划以推动可持续金融成

---

① 关于绿色金融及其面临挑战的更多文献，参见 Migliorelli 和 Dessertine（2019a）。

② 关于绿色金融定义的探讨，详见 Berrou 等（2019a）。

③ 缓解气候变化通常指为降低或阻止温室气体（GHG）排放所作的努力。适应气候变化是指针对当前已发生或预计未来将发生的气候变化及其影响，对生态、社会和经济系统进行的调整。

④ 详见 Berrou 等（2019b）。

为主流①②。其中最值得注意的，要数欧盟委员会 2018 年推出的“为可持续增长融资的行动计划”及其后续方案（欧盟委员会，2018a）。

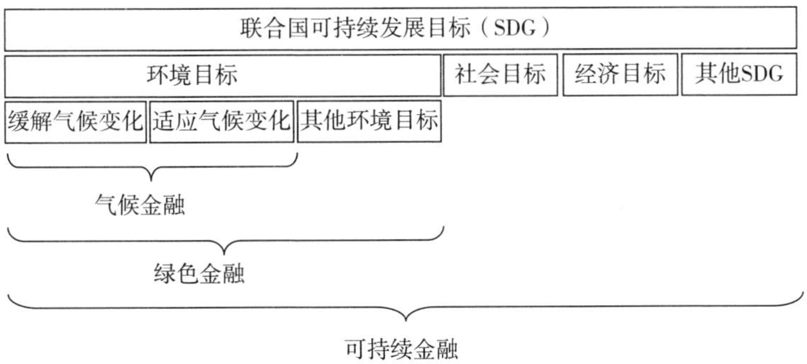

图 1.1　联合国可持续发展目标（SDG），可持续金融及其构成

（资料来源：根据联合国环境规划署 2016 年资料绘制）

1.3　可持续发展与金融：一种双向关系

1.3.1　正确看待可持续发展—金融风险关系

当下的政策和学术争论主要围绕金融如何通过提供必要的融资支持，推动社会的可持续转型。从其作为资金中介的传统职能看，银行和其他金融机构在这一领域发挥着关键作用。的确，金融机构必须充分参与，才能确保可持续转型有充足的资金支持。然而，关

① 过去 10 年可持续金融的发展也离不开全球主要证券交易所的支持。欧洲的伦敦、巴黎、卢森堡、哥本哈根、阿姆斯特丹，中国的上海和北京，美国的旧金山和洛杉矶，加拿大的温哥华和蒙特利尔等金融中心率先行动，并持续致力于提高可持续金融证券质量和市场深度。针对可持续金融和绿色金融证券的板块也应运而生。

② 然而，推动可持续金融成为主流任重而道远，当前仍面临诸多挑战，尤其是清晰界定可持续融资的获取资格，更好评估可持续证券发行人的财务效益（财务效益在当前尚不明确），提升金融机构将可持续发展风险全盘纳入投资决策的积极性。另外，为有效推动可持续金融成为主流，需要满足下列条件：环境风险考量应合理纳入投资决策，市场需求应被有效引向可持续投资，决策者应充分鼓励正外部性行为，银行部门应全力支持上述转型过程。关于上述问题尤其是绿色金融问题的详细探讨，也可参见 Migliorelli 和 Desserine（2019b）。

于可持续发展风险对金融机构的可能影响，即可持续发展—金融风险关系，迄今却鲜有关注。气候变化、环境恶化、社会不平等等可持续发展因子，的确会给金融机构带来直接或间接的金融风险。比如气候变化，当下大量证据显示，温室气体排放量的持续攀升终将提高旱涝风暴等气候变化相关极端天气发生的频率和强度（如联合国政府间气候变化专门委员会，2018）。极端天气不仅会给人类带来可悲的直接影响和社会影响，也会导致受影响领域的经济资产生产力意外显著下降，进而对保险公司和银行造成间接影响。对保险公司而言，先前承保的风险将面临高于预期的赔付。对银行而言，客户破产风险上升将使其面临更高的信贷余额减记。

低估可持续发展风险对金融机构的影响可能产生两大弊端。一方面，这可能导致不能有效评估金融业对支持不同类型的可持续投资所作出的承诺，尤其是在更易受可持续发展风险影响的地区和经济部门，银行或保险公司拒绝承担可持续发展风险带来的额外金融风险的情况确有可能发生。例如，对于沙漠化日益严重地区的农户，银行可能认为其生产力中期内会下降，故对其限贷；对于洪涝风险日益上升地区的居民，保险公司可能拒绝为其承保。另一方面，银行和保险公司可能低估可持续发展风险对其核心业务的长期影响，一旦发生系统性低估，则会破坏金融稳定①。目前，关于可持续发展风险发生的概率，金融机构几乎没有可参考的历史数据和知识。而且，可持续发展风险发生的频率和强度未来可能都会上升，历史经验也无法用于预测未来。总之，关于气候变化等可持续发展风险对金融机构资产的影响，当前几乎没有可供参考的信息（如欧央行，2019）②。

---

① 金融稳定可定义为：包括金融机构、金融市场及其基础设施在内的金融体系，能够抵御冲击、解决金融失衡问题，从而降低系统性金融活动停滞，进而引发实体经济严重紧缩的可能性（欧央行网站，参见 https://www.ecb.europa.eu/pub/financial-stability/fsr/html/ecb.fsr201911~facad0251f.en.html#toc1）。

② 基于欧盟委员会相关分析（2019b），2017 年，与天气相关的灾难造成高达 2830 亿欧元的经济损失，创历史新高。至 2100 年，与天气相关的灾难可能影响欧洲多达 2/3 的人口，当前受影响比例仅为 5%。

因此，可持续发展—金融风险关系在当下应引起广泛关注，并被视为可持续金融框架的重要构成部分①。很明显，正确认识可持续发展—金融风险关系，需要从两个维度进行分析。一方面，需要通过一系列政策和社会实践，评估降低可持续发展风险强度的可能性，这些政策和社会实践旨在构建气候中和经济和更加公平的社会。实际上，开发可持续金融证券、产品和服务就属于这一范畴。另一方面，考虑到可持续发展—金融风险关系，金融机构希望控制关键性可持续发展风险对它们的影响。在这一方面，金融机构需对既有的风险管理框架开展系统性评估，以检验能否将可持续发展风险纳入管理框架。

1.3.2　可持续发展风险及其传导至金融市场的已知渠道

当前关于可持续发展—金融风险关系的文献有限。本小节将围绕气候变化（表现为物理风险、转型风险和责任风险）、大宗商品市场波动性增强、环境恶化以及社会不平等的影响，介绍现有的主要文献②。

1.3.2.1　气候变化：物理风险、转型风险和责任风险

气候变化即使在遥远的未来才会对宏观经济造成严重影响，部分影响在当下已初现端倪（欧央行，2019），中央银行是最早认识到该问题的机构之一。近年来，中央银行依据其监管活动和系统性

---

① 在这方面，中央银行与监管机构绿色金融网络（NGFS）是一项值得关注的倡议。在法兰西银行倡议之下，NGFS 于 2017 年 12 月在巴黎“一个地球”峰会上宣告成立，成员包括 30 余家央行和监管机构（包括西班牙银行、英格兰银行、芬兰银行、卢森堡中央银行、德意志联邦银行、欧洲银行业管理局、欧央行、日本金融厅、比利时国家银行、奥地利国民银行、中国人民银行、澳大利亚储备银行、新西兰储备银行）。NGFS 旨在通过成员间自愿分享经验和最佳实践，推动金融机构开展环境和气候风险管理，动员主流金融支持可持续发展经济转型。2019 年，NGFS 首次发布关于气候变化引发金融风险的综合性报告（NGFS，2019）。

② 即使不考虑其与金融风险的关系，可持续发展风险近来也已经被视作影响现代社会发展的关键因素。世界经济论坛列出的十大最有可能发生的风险中，极端天气、未能缓解和适应气候变化、自然灾害、人为环境灾难、大规模被动迁徙、生物多样性丧失和生态系统崩溃、水危机占据了其中七席（世界经济论坛，2019）。

风险管控活动，已经开始识别与气候变化相关的具体金融风险（英格兰银行，2015；气候相关财务信息披露工作组，2017；法国宏观审慎监督管理局，2019；欧央行，2019），包括：

- 物理风险，即气候和天气相关风险事件可能导致财产损失或扰乱贸易，进而对保险责任和金融资产价值产生影响[①]；
- 转型风险，即向低碳经济转型过程中产生的金融风险，如政策、技术变迁和物理风险变化可能导致成本和机遇透明化，进而导致资产价值大规模重估（即搁浅资产）；
- 责任风险，即气候变化受害者向相关责任人索赔导致的未来可能发生的偿付（此类索赔可能在未来几十年发生，但可能给碳开采者和碳排放者造成打击，如果他们已投保，保险公司也会遭受损失）。

当前人们对气候变化的认识存在局限，且缺失大量数据导致难以准确评估气候变化风险的影响。鉴于此，在认识可持续发展风险与金融风险关系方面，上述进展具有一定价值[②]。

① 联合国环境规划署金融倡议（UNEP FI）给出一种评估物理风险的方法（UNEP FI，2018），建议同时考虑平均天气状况的变化以及极端天气发生频率的上升。对此，应提高债务人地理位置等数据可得性，完善宏观经济模型，将气候变化影响纳入考虑，并预测保险公司可能面临的困难。

② 英国审慎监管局（PRA）于2018年、法国审慎监督管理局（ACPR）于2019年分析了上述风险发生的概率，这是该领域最初的有组织的行动。PRA就气候变化风险发生概率向国内多家银行发起调查（PRA，2018），相关结论包括：一是气候变化引发金融风险的时间已经超出银行预期（90%的银行认为，在充分认识风险、实施严格的气候政策之前，气候变化风险引发金融风险需要四年左右的时间）；二是多数银行开始像应对其他金融风险一样应对气候变化风险，而不是简单将其视为企业社会责任问题；上述银行已开始管理气候变化带来的金融风险，制定风险管理策略、目标，确定风险偏好，明确相关责任划分（涵盖董事会层面）；三是银行已经开始考虑威胁其运营模式的最直接的物理风险，针对政府已推动实施的政策调整评估转型风险敞口（在新的能效要求下，转型风险敞口包括对碳密集型行业的信贷敞口、以柴油汽车为抵押的消费贷以及购房出租）。ACPR对法国主要银团开展了类似调查（ACPR，2019）。主要结论包括：一是从当前可得场景来看，银团面临的物理风险敞口相对较低，影响预计主要集中于脆弱性较高的地区（然而，银行似乎已经意识到，风险未必全部转移至保险公司）；二是银行认为中期内转型风险对其影响更为直接，因此在转型风险管理方面进展最为显著，即使各个银团进展不一（银团强调，转型风险发生时间与其借以制定战略的预期时间更为接近）；三是多数受访银团不认为自身面临显著的责任风险，尽管国际上相关诉讼在不断增加，且银团被鼓励关注这一问题。

1.3.2.2　受冲击的大宗商品市场

气温上升和降水模式变化会对农业、渔业等经济部门造成直接影响（如欧央行，2019），但对世界各地影响程度存在差异，部分地区已经深受全球气候变化和大宗商品价格波动所累①。考虑到天气条件变化对大宗商品生产及其产量的影响很大程度上取决于技术可得性和成熟度，上述结论仍然成立（Brown 和 Funk，2008）。

大宗商品市场金融化当下可被视为一种结构性趋势。大宗商品驱动型基金管理模式已成为众多机构投资者的投资良策（如 Adams 和 Glück，2015）。这种现象意味着，随着上述机构投资者不断将其管理的资金投向大宗商品市场，大宗商品市场与金融市场之间的溢出效应或将强化。因此，大宗商品市场的高波动性是当下基金经理主要担忧所在，而气候变化是导致市场波动的原因之一。

1.3.2.3　环境恶化和社会不平等

关于传统经济发展模式对环境的破坏性影响，尤其是资源枯竭和负外部性导致的影响，当下已有大量文献佐证，且观点高度一致（如 Tamazian 等，2009；政府间气候变化专门委员会，2018）。土地退化、土地侵蚀、水和空气污染以及森林滥伐即为传统模式弊端最显而易见的表现。在这方面，企业出于环保和社会责任考虑采取的行动，多置于环境、社会和公司治理（ESG）绩效与经济金融绩效关系的分析框架下进行研究。大量研究表明，ESG 绩效对经济金融绩效具有正向影响，这一影响在不同时期均成立（如 Friede 等，2015）。然而，关于环境恶化或社会不平等如何对经济发展并最终对金融市场和金融机构产生负面影响，目前尚无深度研究。

---

① 例如，据观察，印度洋变暖和降水集中化（如飓风）会导致美洲、非洲和亚洲大部分地区雨季降水量下降（Brown 和 Funk，2008）。

1.4 广义视角下的可持续发展—金融风险关系

我们可以用一种更为全面的方法研究可持续发展—金融风险关系。表 1.2 所示分类法，即用来研究可持续发展因子和可持续发展风险对企业、银行和保险公司的风险影响①。该方法描绘的影响关系仅出于设想，且无数据支持，但可帮助识别可持续发展风险给银行和保险公司带来的潜在间接或直接金融风险。对此，我们须考虑金融机构面临的间接风险，这些风险因其企业客户面临可持续发展风险所致。

表 1.2　　可持续发展风险与金融风险分类法

可持续发展因子	可持续发展风险	企业风险	银行风险	保险公司风险
气候变化	旱涝风暴灾害发生频率及强度上升	产量下滑（操作风险）	客户破产风险上升（信用风险）	承保风险面临更高赔付（物理风险和流动性风险）
	—	资产减值（操作风险）	-担保品减值（信用风险） -客户破产风险上升（信用风险）	承保风险面临更高赔付（物理风险和流动性风险）
	—	供应链或运营中断（操作风险）	客户破产风险上升（信用风险）	—
	—	—	运营中断（操作风险）	—
	—	—	—	运营中断（操作风险）
	受冲击的大宗商品市场	生产成本和（或）套期保值成本上升	客户破产风险上升（信用风险）	—

① 关于气候变化的类似研究，参见气候相关财务信息披露工作组（2017，第 10－11 页）。

续表

可持续发展因子	可持续发展风险	企业风险	银行风险	保险公司风险
气候变化	—	—	投资组合价值波动性上升（市场风险）	—
	—	—	—	投资组合价值波动性上升（市场风险）
	气候条件发生永久性变化	资产减值和土地生产力下降	－客户破产风险上升（信用风险） －担保品减值（信用风险）	—
	—	新出现的适应性成本	客户破产风险上升（信用风险）	—
	海平面上升	资产和土地永久性丧失	－客户破产风险上升（信用风险） －担保品减值（信用风险）	承保风险面临更高赔付（物理风险和流动性风险）
	民众对排污企业导致气候变化的指控	声誉风险	－向排污企业融资被指控导致声誉风险 －客户破产风险上升（信用风险）	—
	—	客户流失	客户破产风险上升（信用风险）	—
环境恶化	土壤、空气或水污染	生产停止或中断	客户破产风险上升（信用风险）	—
	森林滥伐	与气候变化、环境恶化、社会不平等以及政策和技术变迁相关的其他风险上升	—	—
	生物多样性丧失	与气候变化、环境恶化、社会不平等以及政策和技术变迁相关的其他风险上升	—	—

续表

可持续发展因子	可持续发展风险	企业风险	银行风险	保险公司风险
环境恶化	区域性或全球性流行病发生频率及严重性上升	采取封锁措施后市场需求下降或企业停产	－客户破产风险上升（信用风险） －投资组合价值波动性上升（市场风险）	投资组合价值波动性上升（市场风险）
	受影响民众向排污企业提起司法诉讼	对已证实责任进行偿付（责任风险）	－客户破产风险上升（信用风险） － 或有连带责任偿付（责任风险）	承保风险面临更高赔付（流动性风险）
	—	声誉风险	客户破产风险上升（信用风险）	—
	民众对排污企业导致气候变化的指控	声誉风险	－向排污企业融资被指控导致声誉风险 －客户破产风险上升（信用风险）	—
	—	客户流失	－客户破产风险上升（信用风险）	—
社会不平等	给予员工不公平待遇	声誉风险	－向员工待遇不公的企业融资被指控导致声誉风险 －客户破产风险上升（信用风险）	—
	—	对已证实责任进行偿付（责任风险）	客户破产风险上升（信用风险）	—
	—	—	声誉风险	—
	—	—	对已证实责任进行偿付（责任风险）	—
	—	—	—	声誉风险

续表

可持续发展因子	可持续发展风险	企业风险	银行风险	保险公司风险
社会不平等	—	—	—	对已证实责任进行偿付（责任风险）
	歧视女性	声誉风险	-向歧视女性的企业融资被指控导致声誉风险 -客户破产风险上升（信用风险）	—
	—	对已证实责任进行偿付（责任风险）	客户破产风险上升（信用风险）	—
	—	—	声誉风险	—
	—	—	对已证实责任进行偿付（责任风险）	—
	—	—	—	声誉风险
	—	—	—	对已证实责任进行偿付（责任风险）
	歧视少数族裔	声誉风险	-向歧视少数族裔的企业融资被指控导致声誉风险 -客户破产风险上升（信用风险）	—
	—	对已证实责任进行偿付（责任风险）	客户破产风险上升（信用风险）	—
	—	—	声誉风险	—
	—	—	对已证实责任进行偿付（责任风险）	—
	—	—	—	声誉风险
	—	—	—	对已证实责任进行偿付（责任风险）

续表

可持续发展因子	可持续发展风险	企业风险	银行风险	保险公司风险
社会不平等	社会倾销（区别对待不同国家/地区的员工以降低成本）	声誉风险	-向区别对待不同国家/地区员工的企业融资被指控导致声誉风险 -客户破产风险上升（信用风险）	—
	—	—	声誉风险	—
	—	—	—	声誉风险
政策与技术变迁	财政支持减少/政策因素导致污染型资产融资成本提高	融资成本上升	客户破产风险上升（信用风险）	—
	监管要求趋严以促进可持续发展	搁浅资产（转型风险）	-客户破产风险上升（信用风险） -担保品减值（信用风险）	—
	—	过时的业务类型	-客户破产风险上升（信用风险） -担保品减值（信用风险）	—
	—	—	投资组合中不可持续产业的股票价值下降（市场风险）	—
	—	—	—	投资组合中不可持续产业的股票价值下降（市场风险）
	污染型资产因技术进步而淘汰	搁浅资产（迁移风险）	-客户破产风险上升（信用风险） -担保品减值（信用风险）	—

续表

可持续发展因子	可持续发展风险	企业风险	银行风险	保险公司风险
政策与技术变迁	—	—	投资组合中不可持续产业的股票价值下降（市场风险）	—
	—	—	—	投资组合中不可持续产业的股票价值下降（市场风险）

资料来源：作者加工整理。

注：该表列示了可持续发展风险事件对不同经济主体的影响，特别是将企业风险与由此导致的银行、保险公司风险相关联。但部分可持续发展风险事件也会直接影响银行和保险公司，尤其是体现在气候变化冲击大宗商品市场使其波动性上升、社会不平等以及政策和技术变迁等方面。空白单元格表示该主体不面临相应风险（因此与所在行其他主体面临的风险无关）。

本文分析了四种主要的可持续发展因子——气候变化、环境恶化、社会不平等、政策与技术变迁。上述因子可能给企业或金融机构带来可持续发展风险。例如，与气候变化有关的风险包括愈加频繁且严重的旱涝风暴灾害，受到冲击进而波动性增强的大宗商品市场，气候条件的永久性变化，海平面上升以及企业因污染环境、引发气候变化所遭遇的谴责。上述可持续发展风险可能给企业造成实际损失，进而给银行和保险公司带来间接风险。例如，愈加频繁且严重的旱涝风暴灾害可能导致企业产量下滑、资产减值、供应链或运营中断，进而给银行和保险公司带来相应风险。对银行而言，客户资产价值下降可能导致贷款等业务的担保品减值或客户破产风险上升。实际上，上述风险均可导致信用风险。对于保险公司而言，承保的风险可能面临更高赔付，引发流动性风险和物理风险。

可持续发展风险不仅会给金融机构带来间接影响，也会带来直接影响。例如，当银行和保险公司投资组合中包含大宗商品或以其为基础资产的金融工具时，一旦大宗商品市场受到冲击，投资组合价值的波动性就会上升，进而面临市场风险。同样，金融机构给予员工不公平待遇、歧视妇女或少数族裔（与可持续发展因子—社会不平等有关）可能使其面临声誉风险，一旦责任证实，还需要承担赔偿，进而引发责任风险。对于保险公司而言，这可以转化为投保风险的更高赔付。

正如分类法表格所示，可持续发展风险通常会导致银行和保险公司已纳入管理框架的风险增加，例如信用风险、市场风险、流动性风险、责任风险、操作风险或声誉风险。这一结论对金融机构风险管理实践意义重大。实际上，金融机构将可持续发展风险纳入管理，应基于对既有管理框架的适当完善，而非重新构建①。从这个意义上讲，鉴于有关可持续发展风险和金融风险关系的数据信息缺失，似乎仍有必要设计特定的前瞻性方法②。

分类法给出的可持续发展风险及其对金融风险影响的分类结构或属首创。但该方法仍存在一些局限性，比如缺乏描述风险关系重要性和强度的数据，且分析范围有限，尤其是未将个人和除银行、保险公司以外的金融机构（如投资基金）的作用纳入考虑。由此观之，一个有用的理论框架必须具有明确可验证的内涵，可以被有关数据支持或反驳。因此，需要进一步实证研究来检验该理论框架的有效性。尽管分类法具有局限性，但在研究可持续发展—金融风险关系的征途中，无疑迈出了坚实的第一步。

1.5 可持续发展风险定价和新型市场失灵

如前所述，金融机构越来越有必要在其核心业务中系统考虑可持续发展风险。然而，上述考虑也可能产生一些副作用。金融机构在其风险管理框架中充分考虑可持续发展风险可能产生两种结果：调整金融服务（尤其是信贷和保险业务）定价、重新评估风险承担

① 英国审慎监管局（PRA）以及法国审慎监督管理局（ACPR）的最新研究似乎也得出了类似结论（详见 PRA，2018 和 ACPR，2019）。

② 有关此问题更深入的探究，详见第 4 章。

战略。上述结果对实体经济的影响可能因地区和经济部门而异，主要集中于当前或未来更易受可持续发展风险冲击的领域，影响程度还取决于风险管理实践的发展和完善程度。

一方面，定价调整可能导致经济主体获得金融服务的成本上升，上升幅度在一定程度上与其可持续发展风险暴露程度成正比。例如，坐落于飓风风险日益上升地区的公司，可能需要支付更高的保险费用；不鼓励使用化石燃料的政策出台后，石油公司外部融资受限，融资成本可能大幅上升。然而，正确评估可持续发展风险对其金融风险的影响，并相应调整金融服务定价，大概是金融机构免受财务经济意外损失最有效的方式。此外，上述调整符合当下审慎监管的原则和框架，在未来几年或受到决策者推崇。

另一方面，在可持续发展风险极大的情况下，金融服务定价调整可能会失效。考虑到可持续发展风险将对其需要承担的金融风险产生很大影响，金融机构重新评估其风险承担战略后，最终可能拒绝向部分现有客户和潜在客户提供信贷或保险服务。事实上，众多可持续发展风险可能不再可保；受可持续发展因子影响，银行部分客户可能不再具有偿贷能力。例如，在洪涝灾害日益严重的地区，企业生产潜力会大幅下滑，进而难以获得信贷或保险服务；在受海平面上升威胁的岛屿，居民也会面临类似问题。因此，未来金融机构深度评估可持续发展风险对不同经济主体的影响后，可能出现新型市场失灵。

尽管在诸多情况下，金融服务定价调整和市场失灵预计程度有限，甚至不会发生，但仍需要定期评估金融机构管理可持续发展风险的社会影响。由于可持续发展风险与金融风险之间的具体关系，以及金融机构采取过度预防措施特别是在短期内采取措施的可能性，均严重缺乏数据和可靠信息，相关问题可能会更加严重，最终或需要特定的政策干预，例如通过价格控制、成本支持确保相关经济主体获得关键金融服务，实行特别再保险计划，对搁浅资产给予更优惠的财政待遇。事实上，对于金融机构充分考虑可持续发展风险对金融风险影响可能产生的副作用，上述措施缓解作用有限，仅能作为众多可持续发展促进政策的补充。在这方面，决策者可能将其纳入广义转型措施范畴内考虑。

参考文献

Adams, Z., & Glück, T. (2015). Financialization in commodity markets: A passing trend or the new normal? *Journal of Banking & Finance, 60*, 93–111.

Alm, K., & Sievänen, R. (2013). Institutional investors, climate change and human rights. *Journal of Sustainable Finance and Investment, 3*(3), 177–183.

Autorité de contrôle prudentiel et de résolution (ACPR). (2019). *French banking groups facing climate change-related risks*. Paris.

Bank for International Settlements (BIS). (2020). *The green swan. Central banking and financial stability in the age of climate change*. Basel.

Bank of England (BoE). (2015, September). *Breaking the tragedy of the horizon—Climate change and stability*. Speech given by Mark Carney Governor of the Bank of England.

Berrou R., Ciampoli N., & Marini V. (2019a). Defining green finance: Existing standards and main challenges. In M. Migliorelli & P. Dessertine (Eds.), *The rise of green finance in Europe. Opportunities and challenges for issuers, investors and marketplaces*. Cham: Palgrave Macmillan.

Berrou, R., Dessertine, P., & Migliorelli M. (2019b). An overview of green finance. In M. Migliorelli & P. Dessertine (Eds.), *The rise of green finance in Europe. Opportunities and challenges for issuers, investors and marketplaces*. Cham: Palgrave Macmillan.

Brown, M. E., & Funk, C. C. (2008). Food security under climate change. *Science, 319*(5863), 580–581.

European Central Bank (ECB). (2019, May). *Climate change and financial stability*.

European Commission (EC). (2018a). *Action plan: Financing sustainable growth*. COM(2018) 97 final, Brussels.

European Commission (EC). (2018b). *A Clean Planet for all. A European strategic long-term vision for a prosperous, modern, competitive and climate neutral economy*. COM(2018) 773 final, Brussels.

European Commission (EC). (2019a). *The European Green Deal*. COM(2019) 640 final, Brussels.

European Commission (EC). (2019b). *Guidelines on non-financial reporting: Supplement on reporting climate-related information*. 2019/C 209/01, Brussels.

Friede, G., Busch, T., & Bassen, A. (2015). ESG and financial performance: Aggregated evidence from more than 2000 empirical studies. *Journal of Sustainable Finance and Investment, 5*(4), 210–233.

Hebb, T. (2013). Impact investing and responsible investing: What does it mean. *Journal of Sustainable Finance and Investment, 3*(2), 71–74.

Intergovernmental Panel on Climate Change (IPCC). (2018). *Special report. Global warning of 1.5 °C.*

International Finance Corporation (IFC). (2017). *Green finance. A bottom-up approach to track existing flows*. Washington, DC.

Lehner, O. M. (Ed.). (2016). *Routledge handbook of social and sustainable finance*. Abingdon: Routledge International Handbooks.

Migliorelli, M. (2018). Cooperative banking in Europe today: Conclusions. In M. Migliorelli (Ed.), *New cooperative banking in Europe. Strategies for adapting the business model post-crisis*. Cham: Palgrave Macmillan.

Migliorelli, M., & Dessertine, D. (Eds.). (2019a). *The rise of green finance in Europe. Opportunities and challenges for issuers, investors and marketplaces*. Cham: Palgrave Macmillan.

Migliorelli, M., & Dessertine, D. (2019b). From transaction-based to mainstream green finance. In M. Migliorelli & P. Dessertine (Eds.), *The rise of green finance in Europe. Opportunities and challenges for issuers, investors and marketplaces*. Cham: Palgrave Macmillan.

Network of Central Banks and Supervisors for Greening the Financial System (NGFS). (2019, April). *A call for action. Climate change as a source of financial risk.*

Prudential Regulation Authority (PRA). (2018, September). *Transition in thinking: The impact of climate change on the UK banking sector.*

Renneboog, L., ter Horst, J., & Zhang, C. (2008). Socially responsible investments: Institutional aspects, performance, and investor behaviour. *Journal of Banking & Finance, 32*(9), 1723–1742.

Tamazian, A., Chousa, J. P., & Vadlamannati, C. (2009). Does higher economic and financial development lead to environmental degradation: Evidence from the BRIC countries. *Energy Policy, 37*, 246–253.

Task Force on Climate-related Financial Disclosures (TCFD). (2017). *Recommendations of the Task Force on Climate-related Financial Disclosures*. Basel.

United Nations (UN). (2015). *Transforming our world: The 2030 agenda for sustainable development.*

United Nations Environment Programme (UNEP). (2016, September). *Definitions and concepts. Background note* (Inquiry Working Paper 16/13).

United Nations Environmental Programme Finance Initiative (UNEP FI). (2018, July). *Navigating a new climate: Assessing credit risk and opportunity in a changing climate.*

Vandekerckhove, W., Leys, J., Alm, K., Scholtens, B., Signori, S., & Schäfer, H. (Eds.). (2012). *Responsible investment in times of turmoil*. Dordrecht: Springer.

World Economic Forum (WEF). (2019). *The global risks report 2019.*

Ziolo, M., Filipiak, B. Z., Bąk, I., Cheba, K., Tîrca, D. M., & Novo-Corti, I. (2019). Finance, sustainability and negative externalities. An overview of the European context. *Sustainability, 11*(15), 4249.

Ziolo, M., & Sergi, B. S. (Eds.). (2019). *Financing sustainable development. Key challenges and prospects*. Cham: Palgrave Macmillan.

第2章 气候风险对保险业和银行业的影响

乔治·卡塞利（Giorgio Caselli）
卡塔琳娜·菲格拉（Catarina Figueira）

摘要： 当前人们已经普遍认识到，全球气候自前工业化时期就已开始变化。随着时间的推移，金融机构在推动经济向低碳转型中所发挥的作用受到越来越多的关注；但关于气候变化如何影响金融机构资产负债表，却鲜有证据支持。本章旨在通过研究气候风险对银行业和保险业的影响，来弥补这一不足。本章列示了气候变化相关的物理风险、转型风险和责任风险主要通过哪些渠道转化为保险业和银行业的金融风险，并给出了目前可获得的关键数据。另外，本章还讨论了气候风险可能在多大程度上损害金融稳定，并催生新型市场失灵。

关键词： 银行业；气候变化；金融风险；金融稳定；保险业；市场失灵

2.1 引言

当前人们已经普遍认识到，全球气候较前工业化时期已经发生了变化。史上最炎热的20年中，有19年出现于2001年以后，其中

乔治·卡塞利（Giorgio Caselli），英国剑桥大学贾吉商学院，商业研究中心，电子邮箱：g. caselli@ cbr. cam. ac. uk。

卡塔琳娜·菲格拉（Catarina Figueira），英国克兰菲尔德大学管理学院，经济政策与绩效小组，电子邮箱：Catarina. figueira@ cranfield. ac. uk。

2016 年是有记录以来最热的一年（美国国家航空航天局，2020）。尽管多种证据表明，气候变化已对生物体、生态系统、人类系统和福祉产生影响（联合国政府间气候变化专门委员会，2018）；但关于气候变化对金融体系和金融机构的可能影响，迄今却鲜有证据支持。直至最近（至少在 2015 年 12 月《巴黎协定》通过之前），围绕气候变化和金融机构影响关系的讨论，还一直倾向于聚焦金融机构在推动经济向低碳转型中所发挥的作用，尤其是研究银行和其他金融机构作为实体经济的资金提供者，如何推动顺畅、有效的绿色经济转型。然而，揭示气候变化可能给金融机构带来金融风险的研究相对较少。

关于气候风险对金融机构影响证据的缺失，可能导致一些问题。2020 年初暴发的新冠肺炎疫情以及大量其他大规模事件，都有力证明了发生于金融体系外的冲击可能对金融稳定和实体经济产生负面影响。受气候变化影响，龙卷风、旱涝等极端天气事件的发生频率和强度在过去几年持续增加。这些事件可能给金融机构带来各种金融风险，甚至可能破坏金融体系的整体稳定性和韧性，对此，人们已有越来越多的共识（Carney，2015）。

在此背景下，本章旨在通过研究气候相关风险对保险公司和银行的影响，弥补关于气候变化对金融机构影响的研究空白。本章结构安排如下：第 2. 2 节评估了气候风险对保险业的影响，首先全面讨论了气候变化对保险行业的各种影响，识别出主要风险和损失。其次研究了与保险公司业务模式相关的挑战，以及对气候变化风险的定价。本节还讨论了第三方责任风险的重要性，并对气候风险再保险进行了概述。第 2. 3 节论述了气候风险对银行业的影响。首先，就气候变化可能给银行和其他金融机构造成的金融风险，给出了迄今可得的主要数据。其次，针对银行对气候风险的定价进行了文献综述。最后，解释了上述风险如何影响金融稳定并催生新型市场失灵。第 2. 4 节讨论了衡量保险公司、银行气候风险暴露的有关问题，总结了当前可得的关键数据。最后一节对整章内容进行总结，并提出建议。

2.2 对保险业的影响

如今，绝大多数人都已认识到，气候变化会对人类社会产生显著的直接或间接的影响，上述影响在未来可能会更加普遍。由于气候变化全面影响的不确定性较大，相关风险也很难度量，气候相关风险正随气候变化而增加。这对保险业而言无疑是一个非常严峻的挑战。正如 Hecht（2008）所述，“如果人类社会想在不付出大量代价的情况下，在气候变化中幸免于难，就必须建立健全制度并付诸实践来应对这些风险”。

保险业为企业、个人、投资者和其他金融机构提供重要服务。保险公司通过集聚风险和资金，可以分散投保人的风险，而个人和企业则无法单独做到这一点。正如 Swain 和 Swallow（2015）所述，保险公司通过收取固定保费（通常以长期合同的形式），为面临财务不确定性的投保人提供确定性，这无疑有助于提高整个经济的韧性。

保险业的一项主要职能在于匹配资产与负债，为基础设施建设提供融资，推动整个金融体系多元化。保险业还通过养老金、失业保险以及健康保险等产品服务为个人提供收入保障。例如，根据英国保险协会数据（ABI，2019），保险业已支付超过 57 亿英镑的保险赔偿。

综上所述，保险业为经济各部门提供了重要服务，为推动经济增长作出了重要贡献。在经济形势发生重大变化时，保险公司在维护各种经济活动韧性方面的作用尤为重要。但同时，气候变化可能对保险业运行效率产生影响和风险，如果不能以适当方式加以解决，可能关乎保险业存亡，甚至给整个社会带来显著的溢出效应。因此，在分析气候变化对保险业的影响时，必须同时考虑到与气候变化相关的风险承保、投资活动、信息披露等所带来的影响（首席风险官论坛，2019），以及长期内保险业所发挥的经济和社会作用

（英格兰银行，2015）。

针对上述问题对保险业开展监管同样重要。2016 年 1 月生效的“欧盟偿付能力二号”（Solvency II）即为该领域法规。该指令聚焦保险公司资金筹集和治理问题，保险公司均须遵守。它基于三大支柱（RIMES，2014）：

- 第一支柱涵盖了保险公司资本金规模要求；
- 第二支柱聚焦保险公司治理、监督和风险管理要求，以确保保险公司的管理至少达到设定标准；
- 第三支柱规定了信息披露和透明度义务，诸如规定了保险公司须披露哪些有关其业务的信息等。

气候变化使保险公司面临的物理风险、转型风险和责任风险日益上升。上述欧盟指令对于确保金融机构（即保险公司）及其战略、操作决策的可持续至关重要。

2.2.1　风险类型

保险本质上是市场化运作的风险转移机制。基于这一前提，必须阐述保险业面临的主要风险：物理风险、转型风险以及责任风险。本小节将重点讨论前两种风险，责任风险将在本章后续小节讨论。

物理风险指气候趋势或极端天气事件导致的损失增加（Regelink 等，2017）。气候趋势包括平均温度升高、海平面上升和海岸侵蚀；而洪水和飓风被归类为极端天气事件，其发生频率的上升通常导致新兴物理风险趋势。上述风险之所以重要，不仅因为其会造成财产损失和人员伤亡，还因其会对资源供应、业务运营和供应链等造成影响。

转型风险指为降低气候变化引起的物理风险而产生的风险。英格兰银行（2019a）认为，降低排放和向低碳经济转型的过程可能会导致财务成本上升和经济混乱，这一转型风险需要大量政策、市场和技术变革举措予以应对。最易面临转型风险的行业包括化石燃料开采或生产行业，以及排放大量温室气体的行业。

此外，转型风险以及社会行为变化预计将对许多使用化石燃料的服务和生产行业产生更为普遍的影响，例如非电动汽车销售、由于保温材料有限需要消耗大量能源的房产，甚至是不供应素食的餐厅。同样，严重依赖化石燃料的基础设施和公共事业企业未来无疑也将受到禁令、碳定价和需求下降的影响。

重要的是，转型风险也会带来积极的影响。诸如使用更多可再生能源将引致新兴就业机会、带动各行业增长，并有利于人们的健康。但正如欧洲科学院科学咨询理事会（EASAC，2018）所言，没有“灵丹妙药”，对新技术的持续研究需要大量资本投入，在某些情况下可能面临高投资风险。同时，许多新技术还具有很大局限性，例如高昂的运营成本。除物理风险和转型风险外，第三方责任风险也会对保险业产生重要影响，对此我们将在单独的小节中进一步讨论。

2.2.2 不可保风险和损失

关于物理风险和转型风险对保险业的影响，以下两方面因素将决定保险公司面临的情景：根据《巴黎协定》缓解气候变化的应对力度，以及应对转型风险的方式，即推动经济向低碳转型的过程是否平稳有序。由央行与监管机构绿色金融合作网络（NGFS）编制、英国预算责任办公室（2019）发布的框架，强调了上述两种风险可能对企业和社会产生严重影响（见图2.1）。

特别地，图2.1右上框显示的情景加剧了保险公司承保特定风险、避免重大损失的难度。实际上，为避免保险业务蒙受巨大损失，一些风险可能被视为不可保风险。

新冠肺炎疫情的最新情况表明，病毒不仅影响人类身体健康，还导致世界经济大规模停摆，企业关闭，供应链中断，个人和企业蒙受巨大损失。在这种情况下，与保险合同相关的条款变得前所未有的重要。比如，个人失业救济保险可以在多大程度上覆盖这种全球性、大范围健康事件所造成的损害？

<table>
<tr><td colspan="3" rowspan="3"></td><td colspan="2">物理风险</td></tr>
<tr><td colspan="2">推动达成气候目标的力度</td></tr>
<tr><td>达成目标</td><td>未达目标</td></tr>
<tr><td rowspan="4">转型风险</td><td rowspan="4">转型路径</td><td rowspan="2">无序</td><td>无序</td><td>过少，过晚</td></tr>
<tr><td>突然采取措施，破坏性大，但能够达成气候目标</td><td>突然采取措施，破坏性大，且不足以达成气候目标</td></tr>
<tr><td rowspan="2">有序</td><td>有序</td><td>温室世界</td></tr>
<tr><td>从现在起有序减少排放，以达成气候目标</td><td>排放量继续增加；未采取足够措施最小化物理风险</td></tr>
</table>

图 2.1　NGFS 框架图解

［资料来源：作者基于 NGFS 情景分析框架整理（英国预算责任办公室，2019）］

英国政府资助的洪水再保险（Flood Re）项目同样凸显了保险公司与政府紧密合作的必要性，该项目致力于使易发生洪涝灾害的地区能够获得负担得起的保险。将某些风险纳入保险会使保费变得非常昂贵，除非政府愿意承担一些费用，否则某些地区或某些个人和企业将无法被承保。在未来，这种情况将持续存在并且可能变得愈加普遍。

更广泛地说，与气候变化相关的物理风险和转型风险给保险业带来诸多严峻挑战。国际清算银行金融稳定学院（FSI）对上述挑战进行了总结（FSI，2019），我们通过两个例子在表 2.1 的五列中简要列示了这些挑战（涉及保险风险、市场风险、信用风险、操作风险和流动性风险）。

表 2.1　　保险业物理风险与转型风险相关挑战

风险类型	保险风险	市场风险	信用风险	操作风险	流动性风险
物理风险 例如，冰层融化导致海平面上升引发洪涝灾害	高于预期的保险理赔支出	实物资产损失和业务中断导致股票价值下降	再保险公司信用评级下降，损失风险增加	保险公司处所受到损坏，影响正常经营秩序	为弥补收入损失，保单取消增加
转型风险 政府为降低温室气体排放采取的碳税政策	新保险产品定价或偏低	投资损失和资产减值	公司债投资受损	网络风险或上升	面临投资长期绿色基础设施项目的压力

资料来源：作者根据 FSI（2019）内容整理。

2.2.3 商业模型和定价调整

鉴于气候变化在快速发展，由此导致的风险在增加，保险业乃至全部金融机构都需对气候风险加强应对。这也意味着保险公司需通过重构业务模式、调整产品服务定价来提高经营韧性，以应对不断出现的气候风险。

为精准识别本行业面临的主要风险和机遇，并合理评估其影响，保险公司必须与决策者通力合作以降低气候风险，并与其他利益相关方密切协作以推动出台增强气候风险抵御能力的公共政策。此外，保险公司还应与环境风险管理领域的评级机构和专家协作，以提高保险定价的精准性。

重要的是，正如德勤（2019）所述，以下步骤无疑有助于保险公司做好应对气候风险的准备：

- 在业务中充分考虑气候风险，如将高管薪酬与可持续发展相关的绩效指标挂钩。
- 运用先进的数据分析技术，与气候和数据科研团队通力合作，通过开发风险选择和定价模型来改进气候风险评估。
- 通过将气候风险纳入保险公司企业风险管理（ERM）框架，通盘考虑气候风险敞口。据此，保险公司能够迅速建立起气候风险对公司各类负债、投资影响之间的联系。

为改进定价策略，保险公司还需调整其业务模型，将 NGFS 情景分析框架（见图 2.1）中的各种场景纳入模型的输入和输出变量并予以衡量。具体而言，最应纳入的输入变量包括实际 GDP、通货膨胀和失业率等宏观经济变量，以及政府债券收益率、股票和大宗商品价格等金融变量。而输入变量的核心则是一组气候变量，这些变量涉及天气事件的预期发生频率和影响、详细的碳价格，以及衡量碳排放量的方法。

输出变量方面，保险公司需要努力量化其风险，包括改进气候风险影响下资产和负债的评估方法。就普通保险公司的承保策略而言，将风险发生位置、风险性质和风险之间潜在关联等要素纳入考虑极其重要，这些要素是保险公司进行投资组合管理的核心。

就人寿保险业务而言，在衡量保险公司风险敞口水平时，需要处理好直接、间接物理影响和社会影响三方面的特定组合风险。高温、暴风雨和洪水等会对人寿保险业务产生直接物理影响，空气污染、环境恶化、疾病等则会产生间接物理影响。更广泛地看，一个国家或地区的公共卫生基础设施状况、政治稳定性等则会产生社会影响。事实上，上述因素最终都可能影响死亡率和发病率，因此应将其纳入保费计算公式、索赔预期测算以及对不同人群可保性的分析。

关于保险公司的投资组合，2℃投资倡议（2II）[①] 和气候智慧（Climate Wise）保险咨询委员会已经开发了测算气候风险相关指标的工具。其中，气候智慧保险咨询委员会的工具聚焦于量化基础设施投资面临的转型风险，首席风险官论坛（2019）给出的衡量步骤包括：衡量投资组合的风险敞口和机遇，识别其对资产的影响，开展财务建模分析。

与此同时，保险公司（一般保险公司和人寿保险公司）需要改进建模方法，调整前提假设，优化数据收集以提高预测准确性。根据世界银行（2016）的报告，气候变化风险定价多不准确，其原因主要有四个方面：风险建模采用短期方法，各国监管不一致，信息不对称，以及全球碳价差异过大且缺乏准确数据。上述因素使得考虑气候风险影响的财务分析非常困难且可靠性较低。

保险公司需要意识到气候风险对其业务模型带来的挑战，并确保其管理决策和业务模式与当下对各类气候情景的预期保持一致（英格兰银行，2019b），这一点至关重要。

总之，保险公司根据气候相关风险调整其定价行为的能力无疑

① 译者认为，此处应为 2°II，非营利智库，致力于使金融部门与 2°C 气候目标和长期投资需求保持一致。

由其操作、业务和结构因素共同决定。其中，操作因素关乎巨灾风险的建模，这一模型比较复杂，通常处理既有风险；业务因素聚焦于风险分散，将部分风险转移给再保险公司以降低风险，以及进行逆周期管理；结构因素方面，应在定价过程中将监管资本要求以及合同期限等细节纳入考虑范畴。

2.2.4 第三方责任风险

如前所述，第三方责任风险是保险公司在应对气候变化影响时需要考虑的另一类风险。这类风险可能对保险公司业务产生长期影响，因而对其运营至关重要。责任风险指遭受损失的当事方向其所认为的责任方寻求赔偿而产生的风险。保险公司在设计和出售保单时必须重点考虑此类风险，因为此类风险需要作一定估算，并且可能使索赔在长期内显著增加，从而给保险业运营带来不利影响。这将给保险公司带来严重的财务问题，尤其是在某些类型的责任被确认承保时。例如，由于新冠肺炎疫情的出现，保险公司前期出售给企业和个人的保单当下正因责任问题面临严峻的赔付风险。保险公司对此类事件的反应可能引发对更广泛的社会问题的关注，在某些情况下甚至强化了将某些物理风险和责任风险在一定程度上国有化的必要性。

第三方责任风险通常被视作间接风险，因为它们与对第三方造成的继发影响相关。例如，洪水可能对特定商业条线产生影响，进而对第三方产生继发影响，而第三方会试图向其所认为的责任方追回损失。又如，极端天气事件不仅可能直接破坏企业的经营场所及其贮存的产品，还可能造成财务损失和更广泛的经济影响，诸如影响一条（或多条）供应链甚至导致供应链替代。最常见的第三方责任保险合同包括职业责任保险和董事责任保险。

一般而言，与气候变化相关的第三方责任风险索赔主要关注两类损失：一类是被保险人所造成的损失；另一类是未将对环境的破坏纳入考虑而带来的损失，依据 UNFCCC“损失损害机制”（UNFC-

CC，2014），被称为气候变化导致的“损失和损害”，即气候变化所带来的影响未能通过采取必要措施（如降低排放）来得到缓解。

不遵守法规也会导致第三方责任风险。例如，使用石棉导致的索赔仅在美国就接近 900 亿美元。再如污染可能对个人、可能导致污染的企业主等多类主体造成长期影响，包括对员工健康带来负面影响等。

随着气候风险的增加，保险公司预计需要将资产负债表中很大比例的准备金用于应对未来不确定的第三方责任索赔，实际上在当前，这一准备金比例已经很高。2014 年以来，保险业准备金中用于应对第三方责任险索赔的部分占比最高，约为 39%，其次为汽车险索赔。未来，保险公司需要仔细考虑责任风险各方面的因素，以降低气候变化带来的需赔付的实际影响，包括解决企业客户未能适应气候变化所带来的潜在责任问题，例如公司治理失灵、未作信息披露、违背相关法律法规等。

接下来，我们将讨论保险业的另一个业务领域——再保险。

2.2.5　气候风险再保险

在考虑气候风险时，我们须谨记再保险公司所发挥的重要作用——为保险公司提供承保、定价、理赔管理和一般咨询服务，而这些作用对于吸收保险业面临的冲击最为重要（Upreti 和 Adams，2015）。普华永道（2019）最新报告显示，在最近的“保险业香蕉皮报告”排名中，气候风险位列再保险公司关注问题第三位，证实了气候风险对再保险业务领域具有极为重要的影响。

气候变化主要从两个方面对当前的再保险模式提出挑战：一方面，自然灾害加剧的风险将导致大量索赔费用产生；另一方面，气候风险可能给再保险行业造成声誉风险，因为再保险公司无法将某些新兴气候风险纳入再保范畴，因此无法在特定情况下为企业提供有用的解决方案。

从本质上看，上述问题对再保险公司的资产和负债都提出了严峻挑战（Swiss Re，2020）。在资产端，如果再保险公司要维持盈利能力，则需要仔细评估对基础设施基金和公司债券的投资规模，因为这类投资可能更易受某些物理风险和转型风险的影响。在负债端，如果再保险公司仍然使用现有的基于历史数据设计的模型，可能会低估其应收取的保费。

因此，为确保再保险行业可持续发展，再保险公司需要投资构建日趋完善的前瞻性业务模型，该模型应综合考虑社会经济、技术、政治和监管环境及其他相关因素。此类模型还应对气候变化的影响进行动态跟踪，尤其是气候变暖的影响，并监测再保险行业由此面临的额外风险敞口和脆弱性。

2.3 对银行业的影响

2.3.1 气候风险影响的数据缺失

近十年来，尤其是《巴黎协定》通过后，气候风险对银行业的影响引发了越来越多的关注。继 2015 年 9 月英格兰银行原行长和英国金融稳定委员会原主席马克·卡尼发表著名演讲《打破地平线悲剧》（Carney，2015）后，人们已普遍认同气候变化会给银行和其他金融机构带来诸多金融风险，其中很多风险呈现出规模更大、发生可能性和相互关联度更高等新特征（旧金山城市学院，2016 年）。这些特征使得气候风险在当前银行和其他金融机构风险管理议程中变得愈加突出，本节和本书其他章节将对此展开论述。

现有文献普遍认为，气候变化相关风险对银行而言并非新的风险（Aubert 等，2019）。相反，气候风险表现为银行和其他金融机构已经面临的风险类型，即信用风险、市场风险和操作风险（英格兰银行，2018）。基于卡尼（2015）最初提出的气候风险分类法（已在 2.2.1 节中进行总结），表 2.2 概述了物理风险、转型风险和责任风险三种气候相关风险转化为银行业不同类型的金融风险的主要渠道。

气候变化可能影响家庭和企业的还贷能力或履约能力，进而影响银行信贷资产组合质量。例如，干旱或降水量长期改变等气候相关事件引发的物理风险，可能导致债务人产能下降、收入受损，进而导致违约率和损失上升（Bolton 等，2020）。另外，抵押品价值下降和气候风险高发地区资产冲销也会导致信用风险上升。反过来，在向低碳经济转型过程中，更严格的能效标准或其他气候政策干预措施可能会对资产价值产生影响，进而影响信贷资产组合的风险（Monnin，2018）。同时，放弃使用碳密集型能源可能导致部分资产搁浅，进而降低银行信贷资产组合的价值。例如在经济转型中，商业模式不遵循 2°C 情景[①]的企业（如碳开采企业和碳排放企业），其收益和运营将受到较大影响，尤其是在经济转型开始较晚且无序的情况下（英格兰银行，2018）。尽管银行和其他金融机构面临的与气候变化相关的信用风险主要源于物理风险和转型风险，但更大的责任风险也会导致其信贷资产组合质量降低。鉴于与气候相关的损失或损害带来的赔偿费用会使债务人财务状况恶化，债务人的责任风险可能使其违约率上升，从而引发银行信用风险。

表 2.2　　银行业与气候相关的主要金融风险

风险类型	信用风险	市场风险	操作风险
物理风险	• 债务人收入下降导致违约率上升	• 极端天气事件导致主权债券重新定价	• 极端天气事件影响业务连续性（如分支机构、基础设施和员工）
由气候事件造成的直接损失	—	—	—
• 突发事件（如暴风雨和洪水）	• 财产受损导致抵押物价值下降	—	—
• 慢性事件（如平均气温和海平面上升）	• 高风险地区的资产冲销	—	—

① 译者注，《巴黎协定》明确提出到 21 世纪末，将全球平均气温较前工业化时期上升幅度控制在 2℃以内。

续表

风险类型	信用风险	市场风险	操作风险
转型风险	• 更严格的能效标准导致财产风险敞口变化	• 更严厉的气候政策导致证券和衍生品重新定价	• 对气候问题态度变化导致声誉风险（如从化石燃料公司撤资）
向低碳经济转型带来的经济金融影响	• 搁浅资产导致贷款组合价值下降	—	—
—	• 技术颠覆导致债务人损失上升	—	—
责任风险	• 气候变化相关赔偿增加，导致债务人违约率上升	—	• 对气候造成影响而受到罚款或处罚
由气候原因造成的损失损害产生的索赔责任	—	—	• 因气候变化应对失当导致声誉风险

资料来源：作者根据 Aubert 等（2019）和英格兰银行（2018）相关内容整理。

物理风险和转型风险不但会增加银行和其他金融机构面临的信用风险，也有可能增加其市场风险。飓风或洪水等极端天气事件可能对国家基础设施造成严重且持续的破坏，从而导致经济增长放缓。更高的主权风险也会导致国家或地方政府债务重新定价，进而降低银行持有证券的价值（英格兰银行，2018）。此外，旨在推动低碳经济转型的更为严苛的政策可能导致能源和大宗商品相关股票、企业债券和衍生品被重新定价，进而导致市场风险。资产负债表受信用风险和市场风险冲击最为严重的银行，在短期内常常难以进行再融资，进而面临流动性风险并在银行间市场引发流动性紧张（Bolton 等，2020）。

气候变化还可能导致银行面临第三类风险，即操作风险。暴风雨或平均气温升高等极端天气事件可能破坏办公场所、信息技术基础设施，降低员工生产率和幸福感，进而影响银行经营。能源、水、保险等投入品价格的较高波动可能对银行业务连续性产生额外影响（英格兰银行，2018）。低碳经济转型过程中的政策和技术变化也会引发银行和其他金融机构操作风险。上述转型会改变人们对气候问题的态度，诸如会对银行从化石燃料公司撤出融资施压、呼吁增加绿色贷款等，鉴于此，气候变化会引发银行声誉风险（TCFD，2017）。如果银行被认为促成气候变化或未能做好相关风险管理，受到损失或损害的当事方就会提出索赔，这些风险可能是巨大的。

尽管目前我们对气候风险影响银行和其他金融机构的途径有了很好的了解，但对于气候变化引致的物理风险、转型风险和责任风险对银行业可能影响的量化研究仍不充分（Summerhayes，2019）。例如，迄今为止，关于气候变化与信用风险之间关系的实证数据是有限的。银行缺乏可用于评估气候风险对信贷损失影响的历史数据，也阻碍了这一领域的发展。因此，物理风险、转型风险和责任风险的量化主要依赖气候情景分析和专家判断（Colas 等，2018）。

Dafermos 等（2018）提供了有关气候变化对银行业物理影响的理论支持，他们认为气候变化可以通过破坏公司的资本、盈利能力和流动性，造成企业贷款违约率上升，并对整个银行体系稳定性产生威胁。此外，一些初步证据表明，与干旱、飓风等气候事件相关的实际成本往往通过较低的收益率和较高的不良贷款率，对股票和债务工具产生负面影响（Campiglio 等，2019）。

与此同时，近年来也有诸多研究聚焦于低碳经济转型可能给银行业带来的经济和金融影响。尽管此类研究面临重要数据缺口且依赖诸多假设，但仍然有助于认识转型成本对银行和其他金融机构的影响。

其中，Battiston 等（2017）提出了一个开创性观点，即依据单一银行数据对整个银行系统进行气候压力测试。他们基于总资产排名前 50 的欧洲上市银行数据，得出银行不会仅仅因其对化石燃料和公用事业领域企业的贷款敞口而产生违约，但气候政策却可能导致大量银行资产相对于资本大幅波动。荷兰中央银行（Vermeulen 等，2018）对荷兰银行业运用类似方法开展压力测试，表明在无序能源转型中，银行损失可能高达压力资产总规模的 3%。上述损失很大一部分是由于持有较长期限的政府债券的利率效应所致。另外，在政策和技术冲击同时发生的情景下，银行监管资本（一级资本）充足率将下降约4%。Roncoroni等（2020）最近的研究也得出了类似结论，他们设计了气候压力测试框架，用于量化向低碳经济迟缓、无序转型情景下产生的直接和间接影响。他们以墨西哥金融体系为研究对象，发现在不利情景下会产生较大规模的系统性损失，约为初始总资产的2.5%至4%。

2.3.2 可能的定价调整策略

鉴于气候变化会引发前文所述的金融风险，银行和其他金融机构有必要在制定定价策略时考虑上述风险。正如加拿大银行指出（加拿大银行，2019，第29页），“对气候相关风险的有限认识和错误定价可能增加向低碳经济过渡的成本”。根据Thomä和Chenet（2017）的研究，对气候风险的错误定价可能造成“碳泡沫”，即如果将全球平均气温较前工业化时期上升幅度控制在2℃以内，那么化石燃料储量和相关资产价值会被高估（Schoenmaker和van Tilburg，2016）。此外，如果气候相关金融风险被低估，风险较高的经济活动可能获得过多的资本。低估气候风险除使债权人面临潜在大额损失外，还可能导致中央银行不得不接受信用较低的抵押品（Monnin，2018）。因此，对气候变化引发的金融风险进行正确定价，不仅有助于银行和其他金融机构更有效地分配资本，也能确保其不会承担过量风险（Chenet，2019）。

导致错误定价的原因有很多，包括有限的碳敞口数据、难以对未来发生的不确定事件进行追责以及时间跨度差异等，这意味着排放温室气体的家庭和企业，由于并未承担污染带来的损害或损失，因此目前没有转而采用低碳技术的直接动机（Thomä和Chenet，2017）。例如，由于在单一资产和投资组合层面缺乏详细准确的气候风险信息，银行难以进行准确的风险定价和资本配置（Monasterolo等，2017；Summerhayes，2019），这意味着当涉及气候变化时，有效市场假说可能并不成立（Thomä和Chenet，2017）。气候相关财务信息披露工作组（TCFD，2017，第 1 页）总结了银行和其他金融机构由于信息不完整导致资产定价错误的后果：风险相关信息不足可能导致资产定价错误和资本分配不当，由于市场容易受到突然调整的影响，上述问题会引发市场主体对金融稳定的担忧。

Campiglio 等（2019）梳理了现有文献，认为气候变化对未来金融资产表现的影响主要取决于物理风险和转型风险在当前资产价格中的反映程度。正如 Litterman（2011，第 10 页）在碳排放定价方面所强调的：当前尚未被定价的气候风险应尽快被定价，并合理反映灾难性风险的根本不确定性，以及社会风险厌恶程度。

当前文献中初步证据表明，银行和其他金融机构已开始对气候相关金融风险进行定价，但尚未对其充分定价。Cortés 和 Strahan（2017）通过对美国 2001 年至 2010 年的数据进行研究发现，小型银行通过增加受灾地区的信贷和从其他地区撤贷，来应对自然灾害对受灾地区造成的冲击。同时，为降低关联市场信贷减少的影响，小型银行通过提高这些市场的存款利率来支撑额外的贷款融资。Jiang 等（2019）以美国为例，研究了海平面上升相关风险是否对银行贷款定价产生影响。他们发现长期贷款（期限超过五年）的利差随债务人所在地区海平面上升风险的增加而增加。Ouazad 和 Kahn（2019）发现容易受到自然灾害风险影响的资产所发生的定价错误，如与抵押贷款证券化相关的担保费。他们认为，证券化机构资产负债表中对抵押贷款风险的错误定价可能导致未对冲和无法预料的系统性风险。

在气候相关金融风险中，银行业对于转型风险的错误定价也有相关文献支持。Huang 等（2019）以 2013 年中国政府颁布的《清洁空气行动》为准实验基础，研究发现此政策实施后，高污染企业贷款成本增加了 5.5%，违约风险却增加了 50%。这一证据表明，银行或许在为气候相关转型风险进行定价，尽管定价尚不充分。Delis 等（2019）也开展了类似研究，他们聚焦银团贷款市场，研究银行是否对企业的污染性经营活动进行定价（如搁置的化石燃料储备），发现在《巴黎协定》出台后，银行对受气候政策影响更大的化石燃料企业的贷款利率更高。

Regelink 等（2017）对荷兰 28 家金融机构调查发现，气候相关风险尚未充分反映在银行定价之中。调查发现，这些机构几乎没有一家对转型风险进行了充分定价，这也表明随着新型低碳措施和技术的发展，银行业可能面临突然的下行冲击。

总体而言，迄今为止的实证证据与中央银行和监管机构绿色金融合作网络（NGFS）的担忧相一致，即“与气候相关的金融风险未充分反映于资产估值中，是存在很大的风险的”（NGFS，2019，第 4 页）。因此，鉴于气候相关财务信息披露工作组（TCFD）的信息披露方式有助于帮助银行和其他金融机构调整其定价策略，正确定价气候相关风险，该披露方式应得到进一步推进。

2.3.3 系统性影响和市场失灵

前文对相关文献的回顾表明，那些在构建投资组合时未充分考虑气候风险的银行，其投资组合定价所依据的模型是有误的。Alessi 等（2019）研究表明，如果系统重要性银行和其他主要金融机构持有的资产受到错误定价的影响，则可能引发系统性风险。欧央行 Giuzio 等（2019）最近一项研究证明了对气候相关金融风险的错误定价与经济整体风险之间存在关联。该研究表明，银行和其他金融机构如果不能对气候风险进行充分定价，则该风险有可能引发欧元区系统性风险。

根据欧洲系统性风险委员会（ESRB，2016）的一项研究，如果向低碳经济的转型是迟发且无序的，则可能通过三个主要渠道产生系统性风险：一是能源供应减少和能源成本上升对宏观经济活动产生不利影响；二是碳密集型资产①等面临再估值的资产将给拥有该资产敞口的银行和其他金融机构带来负面影响；三是气候变化相

① 尽管碳泡沫本身不太可能成为系统性风险的来源（Weyzig 等，2014），但可能与其他因素一起对金融体系稳定性产生巨大冲击。

关物理冲击（如自然灾害）的发生频率和强度上升。

气候风险本质上可被视为系统性风险，因其往往会影响整个地球，故不可分散（Aglietta 和 Espagne，2016；荷兰中央银行，2018）。这些风险规模空前，且有可能引发另一场大规模的金融危机（Saha 和 Viney，2019）。实际上，人们可能认为气候灾难比多数系统性金融危机更为严重，因其可能对人类生存构成威胁（Bolton 等，2020）。

与气候变化相关的金融风险具有诸多特点，这势必会给银行业带来相当大的挑战。其中一个特点是影响范围很广，将影响所有行业和所有地区的经济主体（如家庭、企业和政府）（NGFS，2019）。因此，与气候变化相关的金融风险对金融体系的总体影响可能大于其他类型的风险，同时可能具有非线性、相关性和不可逆性等特点（英格兰银行，2018）。此外，未来气候变化极有可能引发金融风险，尽管影响程度尚不明确（NGFS，2019）。借鉴国际清算银行（BIS）最近的表述（Bolton 等，2020，第 6 页），气候变化可被视为“绿天鹅”事件：“气候变化是一种绿天鹅事件，是一种具有交互性、非线性、不可预测性，涉及环境、社会、经济、地缘政治等多因素动态变化的新型系统性风险，且因大气中温室气体浓度越来越高变得不可逆转。”

当前文献中，已有实证表明气候相关金融风险会对银行稳健性和金融稳定产生影响。Klomp（2014）以 1997 年至 2010 年 160 个国家和地区的数据为样本，揭示了自然灾害与银行违约可能性之间存在正相关关系。其分析表明，自然灾害可能对商业银行流动性构成重大威胁，但不会直接影响其偿付能力。Noth 和 Schüwer（2018）研究了 1994 年至 2012 年天气相关灾害对美国的银行稳定性造成的影响，也得出了类似结论，证明了天气相关灾害确实会影响银行稳定性，包括显著降低 Z 值，提高违约率和不良资产占比等。Lamperti 等（2019）建立了基于主体的气候—宏观经济模型，进一步探讨了气候相关损害对银行体系稳定性的影响程度。其研究结果表明，气候变化会提高银行危机发生的频率（介于 26% 和 248% 之间），每年还会增加占 GDP 5% ~15% 的额外财政负担。据估计，上述影响中约 20% 是由于气候变化冲击银行资产负债表所致。

此外，也有一些初步证据表明银行稳定性也可能受转型风险影响。Safarzyńska 和 van den Bergh（2017）证实，对可再生能源的投资可能降低银行间互联性，提高银行破产可能性。其研究认为，过快地向低碳经济转型可能会影响金融稳定，这是因为向造价高昂的可再生能源发电厂融资，可能会冲击现有天然气发电站的盈利能力。

现有文献除涉及气候变化对银行稳健性和金融稳定的影响外，也表明气候变化可能会引发新型市场失灵。实际上，气候变化本身就是由忽略温室气体排放社会代价的市场失灵所致（Fang，2018）。

Garmaise 和 Moskowitz（2009）基于 20 世纪 90 年代美国的数据，发现面临更高飓风风险的房地产企业较同一地区其他房地产企业获得的银行融资更少，进而导致风险高发地区信贷供应减少、中小投资者投资积极性有限以及复苏速度放缓。Brei 等（2019）对飓风风险的研究也得出类似结论，即在加勒比海东部地区遭遇飓风过后的半年内出现银行信贷收缩，包括存款提取和非存款资金枯竭。与此同时，Duan 和 Li（2019）将抵押贷款机构作为研究对象，分析了气候变化预期对机构决策的影响，发现畸高气温会使抵押贷款获批率和额度降低 6.7%。

现有研究也有证据表明，洪涝风险也会对银行贷款造成负面影响。Collier 等（2013）对秘鲁易受厄尔尼诺现象相关洪水风险影响的小额信贷机构研究表明，自然灾害造成的贷款损失导致该机构在灾后压缩信贷，从而使受灾地区经济复苏放缓。Choudhary 和 Anil（2017）对 2010 年巴基斯坦发生的史无前例的洪灾进行了研究，也得出类似结论。他们发现银行在其信贷受到冲击后，对新客户及受教育程度较低的客户削减贷款程度尤甚。这种信贷削减由逆向选择导致，受冲击较小的银行也未提供更多信贷来减缓这一影响。Faiella 和 Natoli（2019）研究了意大利的银行对面临洪水风险的非金融企业发放贷款的情况，发现银行倾向于对具有较大气候风险敞口的公司发放信贷。综上所述，气候变化相关事件导致的融资成本上升，可能引发新型市场失灵（至少会放大既有的市场失灵）。

2.4　测量气候风险敞口的困难

现有文献普遍认为，设计完善且行之有效的气候信息披露是确保低碳经济有序转型的关键（如 Batten 等，2016）。2017 年 6 月，气候相关财务信息披露工作组（TCFD）面向包括保险和银行在内的各个行业，发布关于自愿披露气候相关风险和机遇的建议。TCFD 也介绍了其信息披露方式背后的依据（TCFD 2017，第 ii 页）：

金融市场的一项基本功能在于通过风险定价确保资本配置决策依据充分、行之有效。准确、及时披露当前和历史运营状况和财务业绩是实现这一功能的基础。

尽管越来越多的金融机构已经尽力理解和实施 TCFD 建议，但仍然无法全面评估气候风险敞口（Giuzio 等，2019）。荷兰中央银行一项调查（Regelink 等，2017）显示，由于缺乏有关二氧化碳高排放行业客户和房地产能效标识的完整信息，金融机构尚未将转型风险充分纳入其风险管理框架。虽然行业分析可以初步估算金融机构的气候风险敞口，但却忽略了行业内部在生产过程和技术方面的差异情况（Giuzio 等，2019）。加之缺乏关于客户地理位置的明细数据，使问题更加严峻。此外，即使金融机构信息系统中有房地产行业地理位置数据，也可能并不系统（Aubert 等，2019）。上述因素叠加使金融机构的气候风险敞口难以衡量。

尽管如此，金融稳定学院（FSI）近期基于英国审慎监管局（PRA）对大型保险公司（包括寿险公司和非寿险公司）的调查，发布了一份保险业气候风险评估报告（FSI，2019）。PRA 的调查旨在探究气候变化带来的物理风险以及向低碳经济转型带来的其他风险对大型保险公司的影响程度。

根据PRA的调查，样本保险公司需要就三种情景对模型的影响及对资产估值的作用进行评价。三种情景分别为：A—向低碳经济的转型是无序的，正如联合国政府间气候变化专门委员会（IPCC）2014年发布的第五次评估报告所述；B—向低碳经济的转型是长期的，且温度上升幅度低于《巴黎协定》设定的2℃；C—向低碳经济的转型没有发生，至2100年温度较前工业化水平上升约4℃，结果见表2.3和表2.4。

表2.3　　物理风险对一般保险公司负债的影响

行业	假设条件	物理风险情景		
		A	B	C
美国受飓风影响的行业	大型飓风发生频率增幅	5%	20%	60%
	大型飓风风速整体增幅	3%	7%	15%
	热带气旋引起的降水增加导致地表径流增幅	5%	10%	40%
	美国得克萨斯州和北卡罗来纳州之间海岸线风暴潮海平面平均升幅	10厘米	40厘米	80厘米
英国受天气影响（洪水，冰冻和地表下陷）的行业	降水增加导致地表径流增幅	5%	10%	40%
	英国大陆海岸线风暴潮海平面平均升幅	2厘米	10厘米	50厘米
	以有记录以来最糟糕的一年为基准，地表下陷相关财产索赔频率增幅	3%	7%	15%
	以有记录以来最糟糕的一年为基准，与冰冻有关的财产索赔频率增幅	5%	20%	40%

资料来源：作者根据FSI（2019）整理得到。

表2.4　　风险对保险公司投资选择的影响

受影响行业	以下行业的投资组合	假设：投资组合中包含以下能源部门风险敞口的部分股票价值变化	转型风险情景			物理风险情景		
			A	B	C	A	B	C
燃料开采	天然气/煤/石油（包括原油）	煤	-45%	-40%				
		石油	-42%	-38%				
		天然气	-25%	-15%				
							-5%	-20%

续表

<table>
<tr><th rowspan="2">受影响行业</th><th rowspan="2">以下行业的投资组合</th><th rowspan="2">假设：投资组合中包含以下能源部门风险敞口的部分股票价值变化</th><th colspan="3">转型风险情景</th><th colspan="3">物理风险情景</th></tr>
<tr><th>A</th><th>B</th><th>C</th><th>A</th><th>B</th><th>C</th></tr>
<tr><td rowspan="5">发电</td><td rowspan="5">电力传输和天然气、可再生能源输送（生产和传输）</td><td>煤</td><td>-65%</td><td>-55%</td><td></td><td></td><td></td><td></td></tr>
<tr><td>石油</td><td>-35%</td><td>-30%</td><td></td><td></td><td></td><td></td></tr>
<tr><td>天然气</td><td>-20%</td><td>-15%</td><td></td><td></td><td></td><td></td></tr>
<tr><td>可再生能源（包括核能）</td><td>+10%</td><td>+20%</td><td></td><td></td><td></td><td></td></tr>
<tr><td></td><td></td><td></td><td></td><td></td><td>-5%</td><td>-20%</td></tr>
</table>

资料来源：作者根据 FSI（2019）整理得到。

表2.3和表2.4反映了一些惊人的数据，尤其在情景C下，物理风险对保险公司负债和投资的影响均呈指数增长。

金融机构面临的气候风险敞口很大，而银行业能够获得的气候风险数据甚至更为有限，这种情况令人担忧。Weyzig等（2014）发现，截至2012年末，欧盟地区的银行对高碳资产的股权、债权和信贷敞口总计达4600亿~4800亿欧元（占其总资产的1.4%），其中向化石燃料公司提供的企业贷款约占三分之二。同样，荷兰中央银行（Regelink等，2017）评估了荷兰金融机构对转型敏感行业（如二氧化碳高排量行业）的风险敞口，指出2017年初金融机构资产负债中11%都涉及碳密集型行业。DNB另一项研究结果证实了上述结论（Vermeulen等，2018），该研究对荷兰的银行、保险公司和养老金公司持有的逾2.2万亿欧元资产进行了气候压力测试，发现银行面临的碳密集型行业风险敞口最大，为13%，而保险公司和养老金的风险敞口分别为5%和8%。此外，欧央行（Giuzio等，2019）指出，欧元区银行面临相当大的碳排放企业风险敞口，20家最大的碳排放企业约占总风险敞口的20%（占样本银行总资产的1.8%）。法国中央银行数据（Aubert等，2019）也表明，截至2017年12月末，法国最大的几家银行机构面临的温室气体高排量行业风险敞口占其信贷风险敞口总额的12.2%，受气候政策影响行业的风险敞口占其贷款总额的比例与其资本规模相当（Battiston 等，2017）。因此，如果上述贷款中相当一部分最终成为搁浅资产，将引发严重后果。

2.5 结论

本章梳理的文献表明，气候变化可能给保险公司和银行带来重大金融风险，未来风险可能还会加剧。文献表明，与气候变化相关的风险可能成为系统性风险，因此对于保险公司和银行而言，准确地识别、定价和管控风险至关重要。

当前，金融机构正逐渐意识到准确量化气候风险的重要性。中央银行和其他金融监管部门的调查结果表明，越来越多的保险公司和银行正从集团战略层面应对气候风险，而不仅将其视为企业的社会责任（如 Aubert 等，2019；英格兰银行，2018），这一调查结果非常鼓舞人心。调查还显示，保险公司和银行已经开始评估向低碳经济转型可能带来的机遇，包括新产品的开发和转型期间对客户提供相应服务支持（澳大利亚审慎监管局，2019）。

然而，气候风险的长期性使保险公司和银行在风险识别、衡量和监测中面临极大挑战。庞大的数据缺口加剧了上述挑战，尤其是有关金融机构物理风险、转型风险和责任风险敞口的数据严重缺乏。例如，有证据表明，转型风险尚未充分纳入金融机构风险管理框架，很大程度上由于缺乏有关投资组合风险敞口的关键信息，比如二氧化碳排放水平和房地产能效标识（Regelink 等，2017）。

因此，还需付出更多努力来缓解气候风险对金融稳定的潜在影响，同时确保金融机构行动与将全球温度上升幅度控制在2℃以内的目标相符。气候变化的复杂性要求金融机构、私营部门和金融管理部门等众多主体协同应对。保险公司和银行应将气候变化带来的金融风险纳入风险管理框架，并在董事会层面进行探讨。金融机构应尽早识别和应对与气候相关的金融风险，以减少其对资产负债表的影响。应提高保险公司和银行气候风险敞口数据可得性和可比性，鉴于此，应进一步鼓励符合气候相关财务信息披露工作组（TCFD）建议的信息披露方式。中央银行和其他金融监管部门在确保保险公司和银行有效应对气候风险方面具有重要作用。鉴于气候变化引致的一系列金融风险与监管部门相关，可将气候风险纳入审慎监管要求以强化监管。鉴于金融机构面临气候风险，是否应要求其持有额外资本，相关争论或持续受到关注。

参考文献

Aglietta, M., & Espagne, É. (2016). *Climate and finance systemic risks, more than an analogy? The climate fragility hypothesis* (CEPII Working Papers, 10).

Alessi, L., Ossola, E., & Panzica, R. (2019). *The Greenium matters: Evidence on the pricing of climate risk*. Luxembourg: Publications Office of the European Union.

Association of British Insurers (ABI). (2019). *Record 98.3% of protection claims paid out in 2019*. Available at https://www.abi.org.uk/news/news-articles/2020/05/record-98.3-of-protection-claims-paid-out-in-2019/. Accessed 23 May 2020.

Aubert, M., Bach, W., Diot, S., & Vernet, L. (2019). *French banking groups facing climate change-related risks* (Banque de France Analyses et Synthèses, 101).

Australian Prudential Regulation Authority (APRA). (2019). *Climate change: Awareness to action*. Available at https://www.apra.gov.au/sites/default/files/climate_change_awareness_to_action_march_2019.pdf. Accessed 7 April 2020.

Bank of Canada. (2019). *Financial system review—2019*. Available at https://www.bankofcanada.ca/wp-content/uploads/2019/05/Financial-System-Review—2019-Bank-of-Canada.pdf. Accessed 31 March 2020.

Bank of England. (2015, September). The *impact of climate change on the UK insurance sector*. A climate change adaptation report by the Prudential Regulation Authority.

Bank of England. (2018). *Transition in thinking: The impact of climate change on the UK banking sector*. Available at https://www.bankofengland.co.uk/-/media/boe/files/prudential-regulation/report/transition-in-thinking-the-impact-of-climate-change-on-the-uk-banking-sector.pdf. Accessed 26 March 2020.

Bank of England. (2019a, March 21). *A new horizon*.

Bank of England. (2019b, December). *The 2021 biennial exploratory scenario on the financial risks from climate change* (Discussion Paper).

Batten, S., Sowerbutts, R., & Tanaka, M. (2016). *Let's talk about the weather: The impact of climate change on central banks* (Staff Working Papers, 603).

Battiston, S., Mandel, A., Monasterolo, I., Schütze, F., & Visentin, G. (2017). A climate stress-test of the financial system. *Nature Climate Change, 7*(4), 283–290.

Bolton, P., Despres, M., Pereira Da Silva, L. A., Samama, F., & Svartzman, R. (2020). *The green swan: Central banking and financial stability in the age of climate change*. Available at https://www.bis.org/publ/othp31.pdf. Accessed 31 March 2020.

Brei, M., Mohan, P., & Strobl, E. (2019). The impact of natural disasters on the banking sector: Evidence from hurricane strikes in the Caribbean. *The Quarterly Review of Economics and Finance, 72,* 232–239.

Cambridge Centre for Sustainable Finance (CCSF). (2016). *Environmental risk analysis by financial institutions: A review of global practice*. Cambridge, UK: Cambridge Institute for Sustainability Leadership.

Campiglio, E., Monnin, P., & von Jagow, A. (2019). *Climate risks in financial assets* (CEP Discussion Notes, 2).

Carney, M. (2015). *Breaking the tragedy of the horizon—Climate change and financial stability*. Available at https://www.bankofengland.co.uk/-/media/boe/files/speech/2015/breaking-the-tragedy-of-the-horizon-climate-change-and-financial-stability.pdf. Accessed 26 March 2020.

Chenet, H. (2019). *Climate change and financial risk* (Unpublished manuscript).

Choudhary, M., & Anil, J. (2017). *Finance and inequality: The distributional impacts of bank credit rationing* (International Finance Discussion Papers, 1211).

Colas, J., Khaykin, I., Pyanet, A., & Westheim, J. (2018). *Extending our horizons: Assessing credit risk and opportunity in a changing climate: Outputs of a working group of 16 banks piloting the TCFD recommendations*. Available at https://www.unepfi.org/publications/banking-publications/extending-our-horizons/. Accessed 31 March 2020.

Collier, B. L., Miranda, M. J., & Skees, J. R. (2013). *Natural disasters and credit supply shocks in developing and emerging economies* (Working Papers, 3). Wharton Risk Management and Decision Processes Center.

Cortés, K. R., & Strahan, P. E. (2017). Tracing out capital flows: How financially integrated banks respond to natural disasters. *Journal of Financial Economics, 125*(1), 182–199.

CRO Forum. (2019). *The heat is on. Insurability and resilience in a changing climate* (Emerging Risk Initiative—Position Paper).

Dafermos, Y., Nikolaidi, M., & Galanis, G. (2018). A stock-flow-fund ecological macroeconomic model. *Ecological Economics, 131,* 191–207.

Delis, M., de Greiff, K., & Ongena, S. (2019). *Being stranded with fossil fuel reserves? Climate policy risk and the pricing of bank loans* (Swiss Finance Institute Research Paper Series, 10).

Deloitte. (2019). *Climate risk: Regulators sharpen their focus. Helping insurers navigate the climate risk landscape*. Deloitte Center for Financial Services.

De Nederlandsche Bank (DNB). (2018). *DNB sustainable finance platform's working group on climate risk*. Available at https://www.dnb.nl/en/binaries/rapport_tcm46-374715_tcm47-379199.pdf. Accessed 31 March 2020.

Duan, T., & Li, F. W. (2019). *Climate change concerns and mortgage lending* (Unpublished manuscript).
European Academies' Science Advisory Council (EASAC). (2018). *Negative emission technologies: What role in meeting Paris Agreement targets?* (EASAC Policy Reports, 35).
European Systemic Risk Board (ESRB). (2016). *Too late, too sudden: Transition to a low-carbon economy and systemic risk* (Reports of the Advisory Scientific Committee, 6).
Faiella, I., & Natoli, F. (2019). *Climate change and bank lending: The case of flood risk in Italy* (Unpublished manuscript).
Fang, C. C. (2018). Carbon pricing: Correcting climate change's market failure. *Sustainability: The Journal of Record, 11*(4), 162–166.
Financial Stability Institute (FSI). (2019). *Turning up the heat—Climate risk assessment in the insurance sector* (FSI Insights on Policy Implementation, 20).
Garmaise, M. J., & Moskowitz, T. J. (2009). Catastrophic risk and credit markets. *The Journal of Finance, 64*(2), 657–707.
Giuzio, M., Krusec, D., Levels, A., Melo, A. S., Mikkonen, K., & Radulova, P. (2019, May). Climate change and financial stability. In European Central Bank (ECB) (Eds.), *Financial Stability Review* (pp. 120–133).
Hecht, S. B. (2008). Climate change and the transformation of risk: Insurance matters. *UCLA Law Review, 55,* 1559–1620.
Huang, B., Punzi, M. T., & Wu, Y. (2019). *Do banks price environmental risk? Evidence from a quasi natural experiment in the People's Republic of China* (ADBI Working Paper Series, 974).
Intergovernmental Panel on Climate Change (IPCC). (2018). *Global warming of 1.5 °C: An IPCC special report on the impacts of global warming of 1.5 °C above pre-industrial levels and related global greenhouse gas emission pathways, in the context of strengthening the global response to the threat of climate change, sustainable development, and efforts to eradicate poverty*. Available at https://www.ipcc.ch/sr15/download/#full. Accessed 9 May 2020.
Jiang, F., Li, C. W., & Qian, Y. (2019). *Can firms run away from climate-change risk? Evidence from the pricing of bank loans* (Unpublished manuscript).
Klomp, J. (2014). Financial fragility and natural disasters: An empirical analysis. *Journal of Financial Stability, 13,* 180–192.
Lamperti, F., Bosetti, V., Roventini, A., & Tavoni, M. (2019). The public costs of climate-induced financial instability. *Nature Climate Change, 9*(11), 829–835.
Litterman, R. (2011). Pricing climate change risk appropriately. *Financial Analysts Journal, 67*(5), 4–10.
Monasterolo, I., Battiston, S., Janetos, A. C., & Zheng, Z. (2017). Vulnerable yet relevant: The two dimensions of climate-related financial disclosure. *Climatic Change, 145*(3–4), 495–507.
Monnin, P. (2018). *Integrating climate risks into credit risk assessment: Current methodologies and the case of central banks corporate bond purchases* (CEP Discussion Notes, 4).
NASA. (2020). *Global temperature.* Available at https://climate.nasa.gov/vital-signs/global-temperature/. Accessed 8 May 2020.
Network for Greening the Financial System (NGFS). (2019). *A call for action:*

Climate change as a source of financial risk. Available at https://www.ngfs.net/sites/default/files/medias/documents/synthese_ngfs-2019_-_17042019_0.pdf. Accessed 26 March 2020.

Noth, F., & Schüwer, U. (2018). *Natural disaster and bank stability: Evidence from the U.S. financial system* (SAFE Working Paper Series, 167).

Office for Budget Responsibility. (2019, July). *Fiscal risks report* (CP131).

Ouazad, A., & Kahn, M. E. (2019). *Mortgage finance in the face of rising climate risk* (NBER Working Papers, 26322).

PwC. (2019). *Reinsurance: Banana Skins 2019*. Centre for the Study of Financial Innovation (CSFI).

Regelink, M., Reinders, H. J., Vleeschhouwer, M., & van de Wiel, I. (2017). *Waterproof? An exploration of climate-related risks for the Dutch financial sector*. Available at https://www.dnb.nl/en/binaries/Waterproof_tcm47-363851.pdf. Accessed 26 March 2020.

RIMES. (2014). *Solvency II: The data challenge* (White Paper).

Roncoroni, A., Battiston, S., Farfán, L. O. L. E., & Jaramillo, S. M. (2020). *Climate risk and financial stability in the network of banks and investment funds* (Unpublished manuscript).

Safarzyńska, K., & van den Bergh, J. C. J. M. (2017). Financial stability at risk due to investing rapidly in renewable energy. *Energy Policy, 108*, 12–20.

Saha, S., & Viney, B. (2019). How climate change could spark the next financial crisis. *Journal of International Affairs, 73*(1), 205–216.

Schoenmaker, D., & van Tilburg, R. (2016). What role for financial supervisors in addressing environmental risks? *Comparative Economic Studies, 58*(3), 317–334.

Summerhayes, G. (2019). Financial exposure: Climate data deficit. *Banque de France Financial Stability Review, 23*, 49–56.

Swain, R., & Swallow, D. (2015). The prudential regulation of insurers under Solvency II. *Bank of England Quarterly Bulletin, 55*(2). Available at https://www.bankofengland.co.uk/quarterly-bulletin/2015/q2/the-prudential-regulation-of-insures-under-solvency-2. Accessed 23 May 2020.

Swiss Re. (2020). *Sigma. Natural catastrophes in times of economic accumulation and climate change* (Swiss Re Institute Report 02/20).

Task Force on Climate-related Financial Disclosures (TCFD). (2017). *Final report: Recommendations of the task force on Climate-related financial disclosures*. Available at https://www.fsb-tcfd.org/wp-content/uploads/2017/06/FINAL-TCFD-Report-062817.pdf. Accessed 6 April 2020.

Thomä, J., & Chenet, H. (2017). Transition risks and market failure: A theoretical discourse on why financial models and economic agents may misprice risk related to the transition to a low-carbon economy. *Journal of Sustainable Finance and Investment, 7*(1), 82–98.

United Nations Framework Convention on Climate Change (UNFCCC). (2014). *Report of the conference of the parties on its nineteenth session*. Framework Convention on Climate Change.

Upreti, V., & Adams, M. (2015). The strategic role of reinsurance in the United Kingdom's non-life insurance market. *Journal of Banking & Finance, 61*, 206–219.

Vermeulen, R., Schets, E., Lohuis, M., Kölbl, B., Jansen, D.-J., & Heeringa,

W. (2018). *An energy transition risk stress test for the financial system of The Netherlands* (DNB Occasional Studies, 7).

Weyzig, F., Kuepper, B., van Gelder, J. W., & van Tilburg, R. (2014). *The price of doing too little too late: The impact of the carbon bubble on the EU financial system* (Green New Deal Series, 11).

World Bank. (2016). *State and trends of carbon pricing*. Washington, DC: World Bank.

第3章 搁浅资产与低碳经济转型

奥拉夫·韦伯（Olaf Weber）
特鲁扎尔·多迪（Truzaar Dordi）
阿德博耶·奥耶贡（Adeboye Oyegunle）

摘要： 在低碳转型背景下，搁浅资产可被定义为被意外或过早减记、价值下降或转为负债的资产。这些资产可能是在能源脱碳过程中因经济、物理或政治变化而受到影响的资源储备、基础设施或产业。本章首先介绍了低碳转型背景下搁浅资产的发展历程，并对文献进行了系统综述。其次提出一种综合方法，通过案例研究反映不同地区对搁浅资产风险的差异化应对，进而得出导致资产搁浅风险的多重因素。最后指出当前研究的不足，并提出未来研究计划。

关键词： 搁浅资产；低碳转型；气候变化；转型风险；可持续发展风险；气候相关风险

3.1 引言

在低碳转型背景下，搁浅资产被定义为被意外或过早减记、价值下降或转为负债的资产（Ansar 等，2013）。这些资产可能是在能源脱碳过程中，因经济、物理或政治变化而受到影响的资源储备、

奥拉夫·韦伯（Olaf Weber），加拿大滑铁卢大学，电子邮箱：oweber@ uwaterloo. ca。

特鲁扎尔·多迪（Truzaar Dordi），加拿大滑铁卢大学，电子邮箱：truzaar. dordi@ uwaterloo. ca。

阿德博耶·奥耶贡（Adeboye Oyegunle），加拿大滑铁卢大学，电子邮箱：adeboye. oyegunle@ uwaterloo. ca。

基础设施或产业。

从早期工业革命到计算机技术演进，数百年来既存产业一直受到资产搁浅风险冲击。铁路的出现、电信的普及、个人计算机的兴起等大规模颠覆性创新，在促进经济发展和价值创造的同时，也导致既存产业过时。例如，当代摄影数字化、视频流媒体的出现使柯达、百视达等行业巨头被淘汰。熊彼特“创造性破坏”理论中有很多类似案例。另外，向低碳经济转型的社会和政治紧迫性也催生了与低碳转型相关的搁浅资产。

然而，“搁浅资产”在能源领域是一个较新的术语，多数文献于 2015 年后发表，对相关金融风险的论述尤其欠缺。由于受多重因素影响，且多类资产均受影响，与搁浅资产相关的金融风险难以被识别和测度。物理因素、转型因素均可催生搁浅资产，包括极端天气事件、政府气候政策以及更高的社会关注度。不同资产的金融风险因地区和行业而异。发展中国家和发达国家、石油储备丰富的国家和岛屿国家应对搁浅资产的方式可能有所不同。除化石燃料产业，农业和房地产等行业也可能受到旱涝等极端天气事件影响。鉴于搁浅资产可能在多种情景中出现，设计清晰的分类法以识别和测度搁浅资产风险，对于研究搁浅资产将大有裨益。

本章结构安排如下。第 3.2 节回顾了低碳转型过程中搁浅资产的发展历程，分析了披露搁浅资产风险的早期压力以及“不可燃碳”对于促使该问题制度化的催化作用[①]。第 3.3 节对搁浅资产当前研究进展进行了系统性梳理。第 3.4 节提出一种更全面的方法，用于分析导致搁浅资产风险的多重因素。第 3.5 节通过案例研究介绍了不同地区对搁浅资产风险的差异化应对方式，并将其与本章提出的分类法进行对比，指出各种模型的局限性。第 3.6 节指出当前研究的局限性和未来研究计划。

---

① 译者注：不可燃碳（Unburnable Carbon）指地球在实现任何给定温度目标的过程中，不允许物理燃烧化石燃料能源（储量和/或资源）。一旦燃烧，相关排放将超过该温度的碳预算。

3.2 搁浅资产的发展历程

关于搁浅资产的早期文献可追溯至20世纪90年代，当时正值美国、欧洲电力公用事业重组导致该行业经营性资产贬值（Meyer，1997；Rothkopf，1997；Woychik，1995）。对电力行业放松管制有利于鼓励竞争，从而降低消费价格；但因合同价格受到私营电力供应商冲击，既存公用事业部门可能会遭受损失。鉴于此，电力公用事业部门将重组前后合同价值差异称为“搁浅成本”，相关文献也对公用事业部门是否应因搁浅成本获得补偿、获得多少补偿开展了研究。

对搁浅资产的讨论起源于熊彼特（Schumpeterian）（1942）提出的“创造性破坏”理论，主要受摒弃化石燃料生产的社会技术层面能源转型驱动（Knuth，2017）。近几十年来，个人计算机和数字化进步彻底改变了行业生态（Green和Newman，2017），即为搁浅资产的典型例子。这与过去因工业革命和铁路、电力、石油、电信时代到来，导致某些公司、基础设施和资本过时极为相似。同时，革新也带来了创新、经济增长和价值创造（Perez，1985、2009）。对于既存行业而言，这些革新起初有利可图，使其市场份额出现指数级增长，进而造成大量搁浅资产（Green和Newman，2017）。

当前，碳密集型化石燃料产业也面临以往产业重塑时期所面临的搁浅资产风险。随着太阳能、电池存储等质优价廉的低碳技术日益增多，既有行业面临淘汰风险。然而，鉴于低碳模式由环境危机所驱动，低碳转型催生的搁浅资产也与其他情形不同。鉴于此，化石燃料需求受到技术变革、政府政策、社会关注度的提升、气候相关极端天气事件的增加等多重因素的共同影响（Green和Newman，2017）。在“将化石燃料留在地下”的呼吁下，这些因素共同对化石燃料产业构成下行压力（Knuth，2017）。

低碳转型和“不可燃碳”。与低碳转型相关的搁浅资产的独特之处在于，它们并非严格意义上由技术创新所致，而是应限制碳排放以缓解气候变化严重影响的需要而产生。尽管有关减排的讨论已持续数十年之久（Randalls，2010），涉及“低碳转型”和“搁浅资产”的讨论开始较晚，可以追溯至 Meinshausen 等（2009）和 Allen 等（2009）关于全球碳预算的研究。在社会对“碳生产”施加限制的驱使之下，这些研究中关于减排的表述从逐步减量过渡到设定最高排放限额，奠定了未来“碳约束”的基础（Jaccard 等，2018）。我们可以视其为零和选择，或者将化石燃料资源保留在地下进行能源脱碳，并使数万亿美元资产面临搁浅风险；或者面临气候灾难。对限排的强调，即几十年内必须停止排放（Rogelj 等，2018）将产生重大影响，大量具有经济价值的化石燃料资源将无法被开采（Meinshausen 等，2009），进而被“搁浅”，即因意外或过早减记、贬值或转为负债而失去价值（Ansar 等，2013）。

2009 年哥本哈根全球气候峰会通过的“2℃目标”进一步明确了低碳转型的紧迫性。这一目标使得关于减排的表述从逐步减量过渡到对累积排放量进行全球限制，如果超限排放，温度上升幅度可能会超出全球公认的目标。这一目标也使人们的关注点从提高需求侧效率（如使用更省油的燃油车辆）转向对化石燃料行业直接实施供给侧约束。鉴于化石燃料燃烧产生的排放是人为排放的最主要来源（Quéré 等，2013），并且这些排放高度集中于一些化石燃料巨头（Heede，2014），低碳模式主张化石燃料公司必须减少并最终停止所有碳储备的生产以限制碳排放（Arbuthnott 和 Dolter，2013），使得碳密集型化石燃料生产行业面临搁浅资产风险。

《巴黎协定》将搁浅资产的讨论制度化，在此前后，全球最大的对冲基金黑石基金（Blackrock）和投资银行就碳资产搁浅风险和碳泡沫向投资者发出警告。英格兰银行时任行长马克·卡尼同时警告称，碳泡沫会给金融体系带来系统性风险，表明英格兰银行进行相关风险管理的合理性（Carney，2015）。2015 年后，针对资产搁浅问题的学术文献大量涌现，资本市场也发生了明显变化，曾经态度模棱两可的融资机构开始减少对化石燃料行业提供投融资和承保

（Strauch 等，2020）。

3.3　搁浅资产研究进展

通过系统性的文献综述，我们可以获知搁浅资产相关研究进展、潜在的关注问题以及当前对搁浅资产风险的认知局限。本文在 Web of Science 和 Scopus 两大数据库使用“搁浅资产”“资产搁浅”“搁浅化石燃料资产”等关键词对相关文献进行检索，在 Web of Science 检索出文献 102 篇、Scopus 检索出 161 篇。

与低碳转型相关的搁浅资产研究尚处于起步阶段。检索出的文献中，90% 于 2015 年后发表，但内容逐渐呈现出显著变化。2009 年前的文献几乎都围绕电力公用设施重组，只有 Odenberger 和 Johnsson（2007）初步研究了与减排相关的搁浅资产，尤其是研究了对英国发电行业的低碳投资对实现减排目标的推动作用，以及对碳行业的长期、持续投资将使发电站以极高成本提前关闭以实现《京都议定书》的减排目标。关于碳捕获、碳封存等应对搁浅资产风险可能方案的讨论在 2009 年成为主流（Odenberger 等，2009；Pearson 等，2009）。这一时期，发达国家和发展中国家的减排量差距也愈加明显。Richels 等（2009）通过情景分析，研究了未来减排目标将如何影响发达国家和发展中国家技术投资决策，以降低资产搁浅风险。Stern（2012）研究了与水相关的搁浅资产问题，即进口水源的引入带来竞争，导致高成本水库和海水脱盐装置可能面临资产搁浅的问题。

2015 年以来，关于搁浅资产的讨论进一步发展（见图 3.1），主要围绕全球气候变化，特别是碳密集型化石燃料生产。对主要关键词进行归纳分析后，可以看出涉及以下话题。2015 年后发表的文献中，提及“气候变化”和“化石燃料”的各有 39 篇。文献中关于风险和政策的论述也很普遍，提到风险的有 34 篇，提到政策的有 64 篇。提到情景分析的有 20 篇，提到资产剥离的有 9 篇。

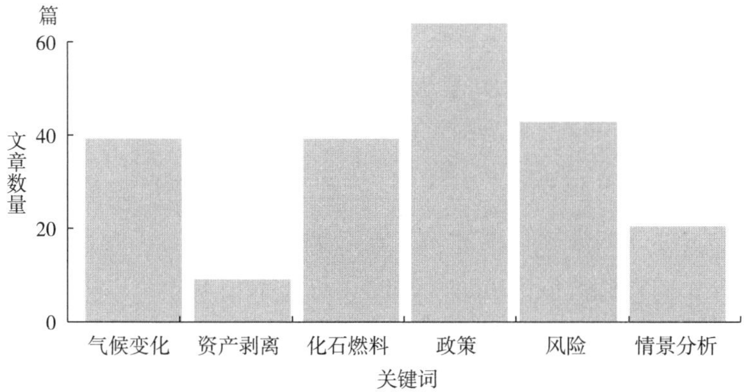

图 3.1　关于搁浅资产的最新文献：关键词分析

（数据来源：作者整理）

搁浅资产风险的影响因素。根据本书写作目的，我们深入研究了文献中对搁浅资产“风险”的论述是如何发展演变的。搁浅资产风险与碳风险、金融风险、政治风险和系统性风险密切相关。为便于说明，我们对检索出的文献进行了研究。

文献中关于搁浅资产风险的论述，常与碳和气候变化相关风险有关。全球碳预算作为搁浅资产风险的诱因，在诸多文献中被广泛讨论。例如，Bang 和 Lahn（2019）研究了全球碳预算如何引发对立游说团体之间的分歧，对挪威现行油气资源管理体制构成挑战，并对已探明的碳储量带来搁浅风险。碳风险也指在投资组合中持有碳资产所带来的金融风险。Fang 等（2019）提出了一个以情景分析为基础的框架，将碳风险内化到投资组合中，以量化投资者面临的搁浅资产风险。他们发现，气候变化风险正逐渐纳入市场定价，这可以由碳密集型行业业绩经风险调整后变差来证明。

与之相反，Byrd 和 Cooperman（2018）认为投资价值取决于未来前景，因此技术进步可能会降低搁浅资产风险。例如，随着碳捕获和碳封存技术的发展和应用，依赖煤炭的能源生产将变得更加可行，由此降低资产搁浅相关成本。我们发现，学者们认为碳限排不仅影响被搁浅资产，还通过相关资产影响政府和投资者等利益相关方。我们还发现，游说团体和技术进步等多重因素均影响资产被搁浅的速度。

关于金融风险的有限文献中，包含了另一个重要的利益相关方——长期投资者。考虑到风险显现的时间跨度，关于搁浅资产的讨论中，围绕负面激励、短利主义和信托责任的讨论似乎特别突出。投资标的的涉碳程度和未来资产搁浅风险显著影响债券、养老基金等长期投资价值。Buhr（2017）研究了长期投资者如何优化搁浅资产风险管理。她指出，传统环境、社会和政府治理指标不足以评估搁浅资产风险，进而提出另一个框架，将操作风险、与缓解和适应气候变化相关的风险以及自然资本风险纳入其中，上述后两种风险可能是显著且不可逆的。Barker 等（2016）研究了养老金的信托责任，认为养老金如果被动或消极地应对气候变化风险，将难以履行对委托人的信托责任，但投资中仍在使用过时的方法和假设。Thom 和 Chenet（2017）从理论角度研究了市场失灵可能导致搁浅资产风险在多大程度上被错误定价，认为市场失灵需要政策干预，以解决金融风险模型设计、结果披露和风险治理机构设置等问题。Silver（2017）研究了投资者为何对搁浅资产风险视而不见，认为风险与同业差异密切相关。因此，要彻底革除将搁浅资产风险纳入决策链条的文化制约和负面激励，监管和理论改革是基础。这些论述搁浅资产相关金融风险的文献，再次强调了影响搁浅资产风险和被其影响的各类因素，出台适宜的政策仍是改进传统理论、方法和假设的关键。

最近几篇值得关注的文献对降低搁浅资产风险的政策效力进行了更深入的研究。Van der Ploeg 和 Rezai（2020）研究了市场不确定性的影响，以及气候政策的变化如何影响物理资本和自然资本的估值。其分析模型表明，当实施有效的气候政策时，勘探投资和化石燃料储量的价值会突然下跌，但无效的气候政策会立即导致勘探投资和化石燃料储量激增。与之相反，Shimbar 和 Ebrahimi（2020）指出，如有不可行的项目展示出有吸引力的投资回报，应将政治风险纳入可再生能源投资估值。他们特别研究了发展中国家的政治风险及其对外资的潜在影响。因此，政治环境和实施低碳政策对评估搁浅资产风险至关重要。

综上所述，诸多因素表明，搁浅资产风险的诱发因素及其受影响主体之间明显存在着复杂的依存关系。鉴于此，本节以系统性风险相关文献作结。Keys 等（2019）指出，搁浅资产是一种“人类世风险”，起源于人为活动，与相互联系的全球社会生态系统相互作用，呈现出复杂的跨界关系。他们以水产养殖业搁浅资产为例，揭示出不仅诸多产业本身面临资产搁浅，作为其诱因的人为因素和环境因素也面临资产搁浅。他们指出，全球水产需求、场地特殊性和环保监管不力等因素共同作用，使得发展中经济体面临更大的资产搁浅风险。

3.4　一种识别和测度搁浅资产风险的分类法

上述文献综述印证了识别和衡量搁浅资产风险的复杂性。需要考虑的影响因素种类繁多且相互混杂，包括导致搁浅资产风险的因素及其诱因和继发因素。我们还发现，搁浅资产并非只与碳相关，尤其是在那些很多行业依赖碳密集型产业的经济体。因此，研究人员很难对搁浅资产所有影响因素作出解释。鉴于此，本文列示了引致资产搁浅的种种条件，以确保搁浅资产风险测度的有效性。基于既有文献，本文提出一种识别和管理搁浅资产风险的分类法（见图 3.2），供未来研究参考。研究人员使用该分类法，可以更加全面地管理搁浅资产风险。我们提出三个维度，即所有类型搁浅资产均涉及的三类属性：一是搁浅资产的诱发因素，诸多因素均可导致资产搁浅，包括物理因素、转型因素和监管因素。二是搁浅资产所处的地区和行业，搁浅资产因地区和行业而异，取决于对化石燃料的依赖程度或对气候变化的敏感程度。三是搁浅资产的利益相关方，不仅资源储备会贬值，还会对金融机构、政府和民间团体产生系统性影响。

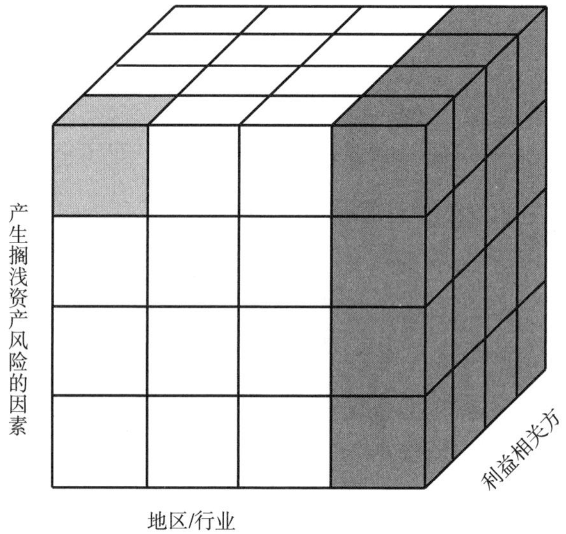

图 3.2 识别和管理搁浅资产风险的分类法

（数据来源：作者整理）

我们认为研究各类引致资产搁浅的因素如何影响特定行业是十分重要的，这些影响可用上述正方体中一个小正方体来表示。为提高效率，研究人员应将一个地区或行业内导致搁浅资产风险的所有因素纳入考虑。然而，衡量搁浅资产风险最全面的方法，是将企业运营相关成本，以及金融机构、政府和民间团体相关成本均纳入考虑。我们将在下文中详细介绍这三类属性。

3.4.1 搁浅资产类型

低碳转型过程中，不可燃碳储量有限并非引致资产搁浅的唯一因素。Caldecott 等（2013）提出一种更为全面的分类法，包含可能引致资产搁浅的六种环境风险，如极端天气事件或资源退化导致的物理风险，资源分布变化导致商品价格或替代品可得性变化带来的风险，以及因政府监管调整、技术进步、社会规则变化和诉讼带来的社会风险。

3.4.2　区域和行业

不仅化石燃料及其上下游行业面临脱碳导致的巨大搁浅资产风险，经济发展与碳行业密切相关的国家也面临风险（Campiglio 等，2017）。例如，搁浅资产可能由不同原因导致，包括制定和实施环保政策，尤其是旨在缓解气候变化的政策（Vogt - Schilb 和 Halle - gatte，2017），以及其他行业的颠覆性创新（Green 和 Newman，2017）。同样，化石燃料行业资产搁浅可能对供应链上下游产业带来负面影响，导致这些产业和其他产业的资产消亡或损失（Bos 和 Gupta，2019）。搁浅资产风险的连锁效应可能波及运输业（Traut 等，2018）、农业（Marsden 等，2019；Morel 等，2016；Rautner 等，2016）、房地产业（Muldoon Smith 和 Greenhalgh，2019）和水资源行业（Lamb，2015）。由于各产业相互依存，搁浅资产风险可能对整个经济带来系统性影响。

此外，随着各国加大全面减排和减缓气候变化工作力度，向低碳经济转型将直接影响社会经济活动。与碳密集型行业存在监管、经济和市场联系的行业，其资产搁浅风险将显著上升（Bos 和 Gupta，2018）。未来碳投资的生产率将受到影响，并对政策和市场条件带来明显影响。由于经济形势、地理位置、环境状况以及缓解和适应气候变化的社会经济能力等情况不同，各发展中国家和发达国家面临的搁浅资产风险程度存在显著差异（Caldecott 等，2016）。

各国面临的风险程度取决于各国化石燃料资产和资源持有情况以及经济活动的行业集中度。例如，拥有化石燃料资产和资源的国家面临更大的搁浅资产风险，经济也将受到更大影响（Mercure 等，2018）。但由于地区间、国家间和不同行业间的经济一体化程度不同，各国情况存在一定差异。同样，对旅游业和海岸线资产进行大量投资的沿海国家，面临海平面上升和洪涝风险，这些风险将导致资产价值受损甚至经济活动被彻底破坏。因此，面对日益显著的气候变化影响和全球减排目标，人们担心任何与缓解气候变化相关的监管改革，都会给经济和相关资产带来风险。这些风险敞口可能对碳资产和资源不利，发展中国家和经济活动与碳资产和资源密切相关的国家面临的风险尤甚（Bos 和 Gupta，2018；McGlade 和 Ekins，2015）。

3.4.3 利益相关方

对搁浅资产处理不当，最终会损害利益相关方、消费者和社会整体福利。多方已采取有力行动，以降低搁浅资产风险、推进低碳转型，但相关研究尚未跟进。本节将研究民间团体、产业、金融机构和监管机构的作用。

截至 2012 年，2℃低碳转型温控目标和转型中产生的搁浅资产使得环保人士调整其战略，将化石燃料行业视为“敌人”，对化石燃料行业进行撤资，对相关基础设施建设进行抵制。近年来人们对碳排放企业越来越排斥。部分金融机构曾对边缘化的撤资运动和“把化石燃料留在地下”的抗议活动持模棱两可的态度，现在则认可了其合法性。如今，人们认为化石燃料行业与烟草行业以及支持南非种族隔离的行业相似（Hunt 等，2017）。由于人们认为化石燃料行业越来越不经济，故通过推迟投资、切断融资途径甚至放弃投资等方式对其撤资，使得该行业利益受到直接损害（Carter 等，2019）。

与此同时，对化石燃料行业的撤资运动使投资者从该行业撤出资金，以应对碳预算带来的搁浅资产相关金融风险。尽管起初撤资是出于道德考虑，即如果毁灭地球是错误的，那么从毁灭中获利就是错误的，但目前撤资明显是出于财务考虑（Dordi 和 Weber，2019；Hunt 和 Weber，2018；Trinks 等，2018）。尽管旨在推动整个经济迅速脱碳以减少气候变化人为影响的民间团体运动，为搁浅资产观点提供了支撑，但搁浅资产相关文献对民间团体面临成本的研究仍然不足（Bang 和 Lahn，2019；Caldecott 和 Dericks，2018）。

各行业必须在企业决策中内化搁浅资产风险。他们不仅要遵循风险最小化原则，还需充分评估气候相关问题对公司风险和战略的影响，否则会面临物理风险和负债风险（Baker，2018）。但由于认识偏误、错位激励和地方性短视行为，风险仍被错误定价或忽视（Caldecott 和 Dane，2015；Carney，2015；Kay，2012）。由于风险类型较新，数据和分析工具方法缺失，以及缺乏可行的风险对冲期权，上述风险正进一步加剧。

由于持有资产迅速贬值，金融机构将承担资产搁浅风险。但金融机构可通过降低绿色发展项目的利率和再融资成本，激励缓解气候变化的行动。目前金融机构仍缺乏测度和管理搁浅资产风险敞口的手段，如果不能管理与其当前投资相关的环境风险，则可能因股票价值下降和贷款违约而面临投资资产搁浅。金融机构也可能成为新型投资的助推力量，如通过降低利率、提供贷款担保、首次损失保险、信用风险保险和利用债券开展低成本再融资来推进缓解气候变化的行动。

政府必须采取积极的监管政策，鼓励有利于推动低碳转型的投资。监管措施应对企业、投资者和民间团体加压，并提高政策的一致性和可预测性，例如实行税收激励、发展碳市场、制定能源绩效规则和建筑标准、翻新建筑和为零碳技术提供优惠融资。中央银行和金融监管机构在维护金融稳定方面也具有重要作用（Batten 等，2017）。明确信托责任和改革不合理的流动性要求将有助于缓解短视行为。资产所有者也应坚定长期发展理念。在短期的区域性制度环境中，搁浅资产规模只会不断扩大。

3.5　案例研究：不同经济体搁浅资产处理方式

首先，我们来看不同经济体的监管政策。全球各国致力于践行旨在减排的国家自主贡献（INDC），故应考虑“承诺排放”对各国脱碳计划的影响（Davis 等，2010；Davis 和 Socolow，2014；Pfeiffer 等，2016）。同时，人们也意识到，不仅能源行业面临搁浅资产风险，其他情况诸如沿海地区财产也可能因极端天气事件面临物理风险。因此，地理因素会影响最优政策决策。

据估算，执行《巴黎协定》将意味着停止开发大多数已探明的化石能源。我们要充分认识到这一点的意义，因为任何脱碳行动都将对金融市场、资产管理和国家治理带来直接影响（Ashford 和 Renda，2016）。同时，《巴黎协定》的执行还会对化石燃料关联产业投资造成间接影响，经济主要依赖石油产品的国家和地区将面临重大风险（Bos 和 Gupta，2019）。对此进行的市场和监管调整尚难预测，监管部门或对市场进行大规模干预，从而给市场和相关投资造成风险（Caldecott 等，2016）。

这些风险会以不同方式传导至各个经济体和相关产业，农业等高度依赖化石燃料、所在价值链排放率居高的产业将面临更高风险（Caldecott 等，2013）。此外，各国的利益诉求和事项优先级也不尽相同，这就使了解监管政策、各国经济利益和事项优先级以及利益相关方的影响力和投入等因素如何导致特定经济部门搁浅资产风险上升变得更为困难。

3.5.1 不同经济体应对搁浅资产的方法

各国为落实《巴黎协定》而作出的脱碳承诺和国家自主贡献，将脱碳问题置于全球政治格局的最前沿，也使发达经济体、资源依赖程度较低的经济体与发展中经济体和资源依赖型经济体陷入关于发展权和气候公正（climate justice）的争论。发展中经济体和资源依赖型经济体宣称资源开发权是关乎其存亡的关键（Swilling 和 Annecke，2012）。

需要指出的是，尽管诸多文献研究了搁浅资产对经济的影响，但关于搁浅资产与经济发展和其他诱发因素之间的联系却鲜有论述。发达经济体与资源依赖型经济体、发展中经济体的国家自主贡献在内容、重点和践行方式等方面存在差异和分歧，也印证了上述观点。下文将详细论述各经济体践行国家自主贡献的不同方式。

值得注意的是，国家自主贡献关注的重点并非资源开采权与其对可持续发展影响的对立（Bos 和 Gupta，2019），尽管二者均对脱碳有一定影响。相反，它关注的是与资源开采权相关的决策所带来的影响，以及该决策可能导致的资产搁浅等气候变化相关后果。上述关注点影响各经济体践行《巴黎协定》的方式，以及发展中经济体和资源依赖型经济体践行减排目标的局限性。

各经济体试图平衡脱碳需求与碳资源开采权之间的关系，二者之间的矛盾是各经济体实现气候目标的一大挑战。遗憾的是，此前并没有人对这一领域进行过深入研究，因为大部分研究关注的重点都是发达经济体及其市场，对发展中经济体关注较少（Caldecott 等，2013），尽管搁浅资产可能对发展中经济体影响更大（Bos 和 Gupta，2018）。鉴于此，我们应全面研究各经济体践行《巴黎协定》开展脱碳行动的措施及路径，这有助于了解各经济体脱碳进程中的实践。

脱碳进程中制定的各项政策可能导致更多资产搁浅，其中碳密集型产业面临的风险尤甚，并对相关产业带来溢出效应。新技术、新产品、新市场和新政策的不断涌现，使各产业面临日益上升的物理风险和转型风险，进而导致难预料的后果和资产搁浅。除碳密集型产业外，其他易受环境影响的产业也会受到影响，导致资产搁浅（Rautner 等，2016），进而严重冲击金融体系稳定性（Mercure 等，2018），如果管理不善还会带来政治危机（Vogt - Schilb 和 Hallegatte，2017）。鉴于上述挑战各不相同，我们急需全面了解搁浅资产对区域、国家和经济的影响，从而更好地应对未来搁浅资产带来的挑战，作为评估区域风险、国家优先发展领域的基础。

3.5.2　案例研究综述及评估

为了解各个国家和地区面临的可能导致资产及资源搁浅的环境风险敞口，我们将回顾各经济体向 UNFCCC 提交的国家自主贡献，这是各经济体为实现《巴黎协定》规定的 1.5℃温控目标所作贡献的一部分。通过回顾各经济体提交的国家自主贡献，我们也能从其提供的汇总情况看出其风险敞口、在险行业以及直接受气候风险影响的行业。

我们由此有望确定脱碳的重点行业，并将资源向重点行业倾斜（Bos 和 Gupta，2019）。我们由此能够评估各经济体面临的风险敞口以及可能受到国家自主贡献等气候政策或承诺影响的领域。此外，我们还能由此了解其他受碳减排措施影响的产业，或者资产因气候影响面临风险而要求减排的产业，无论其经济重要性如何。

本文回顾了 G20 各成员国的国家自主贡献，以了解可能受缓解气候变化措施影响的行业，以及从各国优先发展战略看可能面临风险的行业。除 G20 成员国外，我们还回顾了各大洲、各经济集团发展中经济体的情况。我们在每个大洲选取 3 ~ 5 个经济体来审视其国家自主贡献。为保证分析的平衡性，我们也选取了太平洋和加勒比海的小岛屿发展中国家（SIDC）来审视其国家自主贡献，因为这些国家地理位置特殊，尽管碳排放低，但受气候变化的影响可能性大。

为确保结果的一致性和稳定性，除 G20 成员国外，基于对经济实力、资源基础、人口情况、地理分布等的考虑，我们还挑选了其他几个国家。比如，非洲国家中，我们选择了尼日利亚和南非，因为这两个国家是非洲大陆最重要的两个经济体，而且尼日利亚代表了西非，南非代表了非洲南部。我们还选择了非洲第三大经济体——北非的埃及，以及中东非最大的经济体——肯尼亚。至此，我们集齐了非洲各经济集团和地理位置具有代表性的经济体。此举旨在从内部差异较大的大洲中，实现筛选国在地理、气候及经济等维度的平衡。

由于国家自主贡献没有固定的模式或预期，因此各经济体草拟承诺的方式有所不同。为消除这一情况带来的不一致性，我们对每个经济体提交的国家自主贡献分别进行评估。

3.5.3 国家自主贡献与分行业情况

正如前文所述，各经济体践行减排承诺没有统一的模板，因此，我们需要通过各经济体国家自主贡献中提到的关键行业和气候事件的关联关系来确定各国的优先事项。

3.5.3.1　全球在险资产展望

行业风险分类清楚地展示了发展中国家和发达国家优先事项和在险行业的差异。发展中国家的方法与目标主要侧重于产业，尤其是气候如何影响特定产业的资产和其他方面；而亚洲、欧洲、美洲地区的发达国家与发展较快的国家则关注整个经济。这种差异可能源于发达国家各类产业发展程度较高，而发展中国家经济发展资源依赖性较强。所有国家的相似之处是，它们均视能源行业为主要在险行业（见图 3.3）。

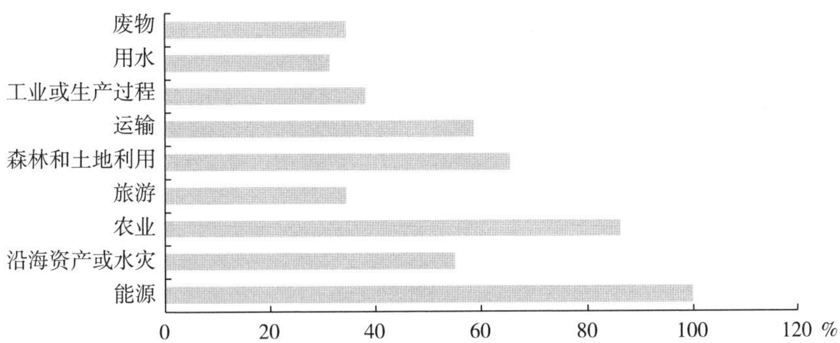

图 3.3　全球范围不同行业资产的风险状况

（数据来源：作者整理）

讽刺的是，尽管各国对能源及能源资源（包括化石燃料）行业均存在担忧，且我们研究的每一个国家均在国家自主贡献中对该行业作出承诺，但对化石燃料行业的投资仍然持续未减。自 2015 年《巴黎协定》签订后，该行业获得了超过 7000 亿美元的融资用于扩展新的项目。考虑到低碳转型的可能影响及其对碳资产可能造成的致命打击，不作为和或有的金融不稳定将导致未来风险。不幸的是，这使石油价值链上的资产以及电力等能源领域其他相关行业的资产面临搁浅风险（Campiglio 等，2017）。

3.5.3.2 非洲

非洲主要由发展中国家和经济不景气国家组成，尽管如此，非洲是我们研究中最具有多样性的大洲，主要关注各国经济实际和地理环境（如农业）。但在水问题上，只有埃及和南非缺乏水资源，由于所处的地理环境，加之气候变化严重影响南非降雨和埃及干旱地区供水，导致两国水务行业的资产和投资面临风险。另外，非洲国家对工业生产关注较低，只有尼日利亚强调要重视工业和生产，没有一个国家重视固废处理和相关资产问题。考虑到非洲国家发展水平普遍较低，且多数国家严重依赖进口，确定上述关注重点也不足为奇。图 3.4 显示了非洲各行业资产的风险状况。

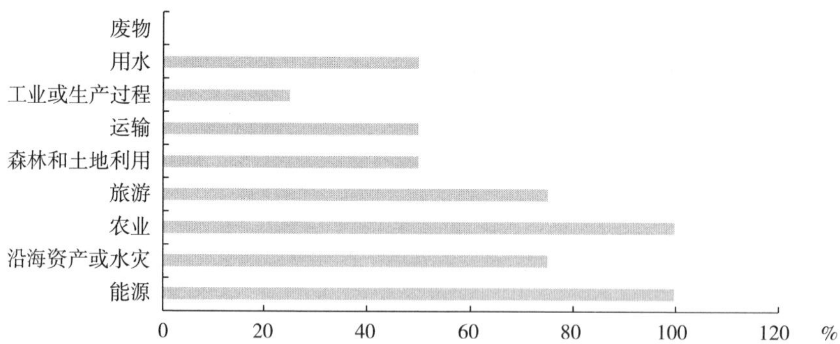

图 3.4 不同行业资产的风险状况：非洲

（数据来源：作者整理）

3.5.3.3 欧盟、亚洲和北美洲

欧洲和北美洲国家制订了应对所有行业温室气体排放的经济计划，包括二氧化碳（CO_2）、甲烷（CH_4）、一氧化二氮（N_2O）、全氟碳化物（PFCs）、氢氟碳化物（HFCs）、六氟化硫（SF_6）和三氟化氮（NF_3）。鉴于此，那些在非洲国家计划中不受关注的固废处理

等行业，在欧盟国家计划中与能源、农业、工业、森林和土地利用等行业被赋予同样重要的地位就不足为奇了（见图 3.5）。

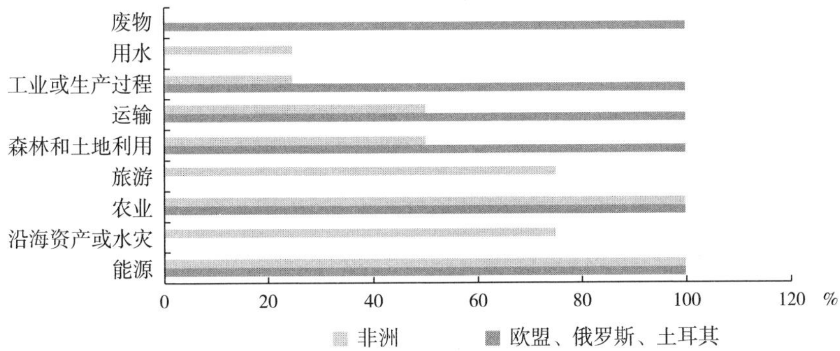

图 3.5　不同行业资产的风险状况：非洲和欧盟、俄罗斯及土耳其

（数据来源：作者整理）

在北美洲有一个有趣的现象，墨西哥重视其沿海地区、旅游业及其他在险行业，但不重视固废处理行业与工业（发达国家十分重视这两个行业），这与其他发展中经济体类似。因此，人们对易受气候变化相关转型风险影响行业的认识具有多样性。

北美洲的情况（见图 3.6）与亚洲十分相似，中国、韩国和日

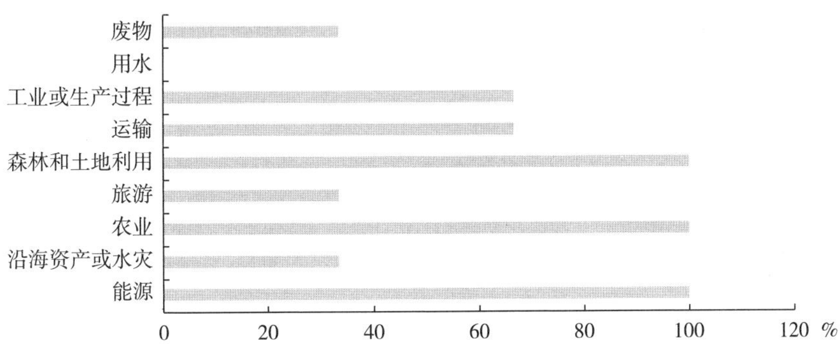

图 3.6　不同行业资产的风险状况：北美洲

（数据来源：作者整理）

本等亚洲较发达的经济体与北美洲的情况和计划完全一致，都是基于已识别的温室气体排放制订涉及整体经济的行动计划，预计将对固废处理行业、工业及其生产过程、运输和能源行业产生较大影响。但印度等经济体重视水务等行业，主要由于印度北部地区缺水；印度尼西亚等经济体拥有相当长的海岸线，沿海地区资产面临洪涝风险，海平面上升将“淹没”其投资（见图3.7）。

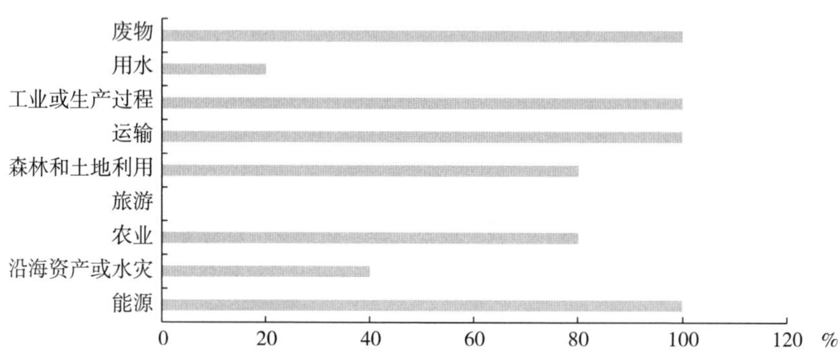

图3.7　不同行业资产的风险状况：亚洲

（数据来源：作者整理）

3.5.3.4　小岛屿发展中国家——加勒比海和太平洋

小岛屿发展中国家的国家自主贡献中列明的方法与行业分类相互之间十分类似，这可能由其地理位置和作为小国的脆弱性所致。这些国家缓解气候变化影响的贡献很小甚至微不足道，但它们更容易受到气候变化影响，使其部分资产面临较大搁浅风险、经济受到负面影响。值得注意的是，加勒比海国家与太平洋国家在很多领域有相似的风险敞口，尤其都将沿海地区资产和投资置于优先考虑。不幸的是，小岛屿国家中多数国家的旅游业都面临风险，特别是加勒比海地区，而该地区所有国家的经济增长都主要依靠旅游业（见图3.8）。由于地理位置与经济布局的差异，加勒比海国家似乎面临不同等级的风险。

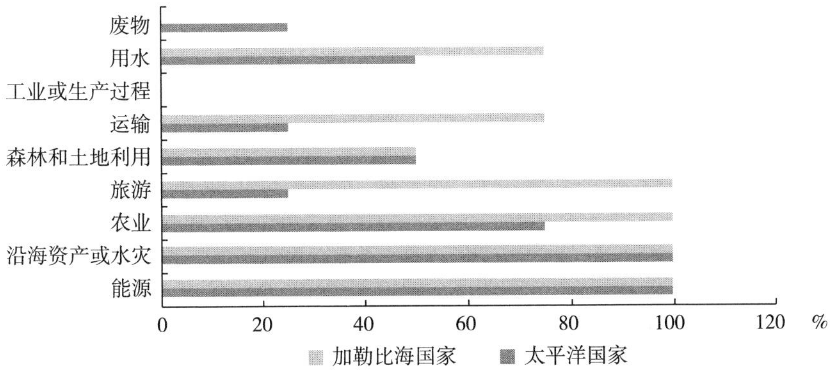

图 3.8　不同行业资产的风险状况：太平洋和加勒比海国家

（数据来源：作者整理）

3.5.3.5　中东

中东（见图 3.9）的情况为研究搁浅资产提供了有趣的角度。该地区化石燃料储量高，多数国家以此为经济支柱，也是多数政府的主要收入来源。此外，该地区干旱的气候条件使得大片土地处于缺水状态，需要开发新技术以满足工业和家庭用水需求。由于地下水和其他淡水资源短缺，多数国家投资海水淡化领域。鉴于此，以上两个情况成为该地区国家的重点关注领域就不足为奇了。尽管有

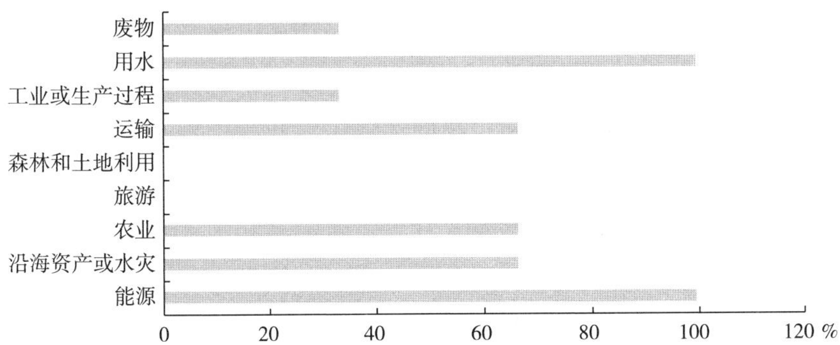

图 3.9　不同行业资产的风险状况：中东

（数据来源：作者整理）

在优先事项和经济战略安排方面向其他重要领域倾斜的方案，沙特阿拉伯、科威特和阿拉伯联合酋长国（UAE）似乎专注于降低气候变化影响，而在石油减产方面并没有作出具体承诺。更准确地说，虽然曾提出通过优化技术来生产“更清洁的原油”，在减少或停止化石燃料勘探方面却未规定直接义务，因为该行业是该地区多数国家经济繁荣的关键。

3.6 搁浅资产风险研究展望

关于搁浅资产风险的研究，多年来一直集中于碳资产方面，却忽略了其他推升搁浅资产风险因素的作用，比如那些源于利益相关方不同利益需求和优先事项选择的因素。粗略浏览各经济体的国家自主贡献可以发现，各经济体国家自主贡献沿用一致的方法，多数经过认真研究后起草，通常并非旨在保护既存物理资产，而是旨在维护相关利益。多数承诺都是政策制定者试图缓解易受风险影响的特定行业面临的挑战，同时在技术和其他领域寻求投资替代方案，以实现平稳的低碳转型，尽管这些优先考虑的行业明显处于高风险水平。

本章审视的国家自主贡献与此前提出的分类法相一致，即尽管有证据表明多种因素会导致搁浅资产风险产生，但多数文献却并未充分考虑这些因素。首先是监管因素，这是一个与各国既有气候行动和政策相适应的重要因素，部分经济体以此为依据制定其国家自主贡献承诺。本章审视的国家自主贡献中，超过75%都参考了既有的监管框架、气候计划或环境政策以及借以制定国家产业规划和其他国家利益攸关领域规划的政策。这些攸关国家或地区利益的政策，通常会为特定领域的干预设定气候目标，并确定缓解和适应气候变化的优先领域。

进一步看，重点领域的确定是基于利益和区域经济依赖性等考量。例如，没有一个中东产油国将停止生产化石燃料作为承诺写入国家自主贡献，因为化石燃料是这些国家未来经济的生命线。尽管这些国家知晓经济多样化和减少温室气体排放的必要性，但它们并未承诺通过降低化石燃料开采来实现这一目标。尽管如此，它们逐渐提出了更合适的方法，诸如使用碳捕获技术（沙特阿拉伯）、清洁燃料生产技术（科威特）、提高效率和减少排放的技术（阿联酋）。由此似乎可以断定，与高风险行业的搁浅资产风险相比，经济存续、地区或国家利益以及其他优先事项在国家决策中发挥着更为重要的作用，尤其是从地区和国家层面来看。

监管机构和政治阶层担忧其决策会对关键领域产生系统性影响，因此经常对利益相关方和行业提供支持。各个国家和地区指定的国家自主贡献印证了上述现象。鉴于此，利益相关方和其他利益集团在执行关键政策方面始终发挥着重要作用，最终影响了制度和程序制定。比如在各国尤其是大部分发展中国家的国家自主贡献中被持续提及的提供就业机会问题，为了保就业，政治阶层常常会提升或保护那些有利于提高经济福利的行业利益，即使这些行业长期看会对环境产生持久影响。利益相关群体和游说组织的行动会导致转型放缓，或无视某行业的利弊，从自身利益出发选择对其支持或反对，这种行为会加剧上述现象。

目前这项研究尚处于起步阶段，主要聚焦于搁浅资产的特定方面如何发展演变。然而，为了更好地管理金融风险，将不同类型的搁浅资产风险纳入考虑十分必要。本章提出的分类法为后期研究人员系统评估搁浅资产风险提供了一种借鉴。我们对各国国家自主贡献报告的案例研究表明，各国因其实际情况差异而面临不同的搁浅资产风险。然而，对搁浅资产风险的研究仍局限于特定地区或行业的投资搁浅，尚未涉及搁浅资产对投资者、政府和民间团体的影响。鉴于此，本章提出的分类法有助于未来研究和全面认识搁浅资产风险。

本章案例研究表明，研究搁浅资产风险不能仅局限于资产和机制方面，还应研究搁浅资产风险的其他诱因，尤其是特定行业或地区的搁浅资产风险诱因，以及相关行业如何降低风险。同时，有关经济和就业的政治利益考量也推动了在特定领域采取行动的政治意愿。因此，有必要思考和研究在环保争论之下，是何种因素导致人们对化石燃料和碳行业持续依赖并对其投资。其中，决策者将利益相关方对其存续性和所受经济影响的担忧纳入考量并予以解决，有助于推动经济和政治合作。

参考文献

Allen, M. R., Frame, D. J., Huntingford, C., Jones, C. D., Lowe, J. A., Meinshausen, M., et al. (2009). Warming caused by cumulative carbon emissions towards the trillionth tonne. *Nature, 458*(7242), 1163–1166. https://doi.org/10.1038/nature08019.

Ansar, A., Caldecott, B., & Tilbury, J. (2013). *Stranded assets and the fossil fuel divestment campaign: What does divestment mean for the valuation of fossil fuel assets*. Stranded Assets Programme, SSEE, University of Oxford.

Arbuthnott, K. D., & Dolter, B. (2013). Escalation of commitment to fossil fuels. *Ecological Economics, 89,* 7–13. https://doi.org/10.1016/J.ECOLECON.2013.02.004.

Ashford, N. A., & Renda, A. (2016). Aligning policies for low-carbon systemic innovation in Europe (September 27, 2016). *CEPS special report, 2016.* Available at SSRN: https://ssrn.com/abstract=2859424.

Bang, G., & Lahn, B. (2019). From oil as welfare to oil as risk? Norwegian petroleum resource governance and climate policy. *Climate Policy*. https://doi.org/10.1080/14693062.2019.1692774.

Barker, S. (2018). An introduction to directors duties in relation to stranded asset risk. In B. Caldecott (Ed.), *Stranded assets and the environment: Risk, resilience and opportunity* (pp. 221–271). Abingdon: Routledge.

Barker, S., Baker-Jones, M., Barton, E., & Fagan, E. (2016). Climate change and the fiduciary duties of pension fund trustees—Lessons from the Australian law. *Journal of Sustainable Finance and Investment*. https://doi.org/10.1080/20430795.2016.1204687.

Batten, S., Sowerbutts, R., & Tanaka, M. (2017). Let's talk about the weather: The impact of climate change on central banks. *SSRN Electronic Journal*. https://doi.org/10.2139/ssrn.2783753.

Bos, K., & Gupta, J. (2018). Climate change: The risks of stranded fossil fuel assets and resources to the developing world. *Third World Quarterly*. https://doi.org/10.1080/01436597.2017.1387477.

Bos, K., & Gupta, J. (2019). Stranded assets and stranded resources: Implications for climate change mitigation and global sustainable development. *Energy Research and Social Science*. https://doi.org/10.1016/j.erss.2019.05.025.

Buhr, B. (2017). Assessing the sources of stranded asset risk: A proposed framework. *Journal of Sustainable Finance and Investment, 7*(1), 37–53. https://doi.org/10.1080/20430795.2016.1194686.

Byrd, J., & Cooperman, E. S. (2018). Investors and stranded asset risk: Evidence from shareholder responses to carbon capture and sequestration (CCS) events. *Journal of Sustainable Finance and Investment*. https://doi.org/10.1080/20430795.2017.1418063.

Caldecott, B., & Dane, R. (2015). *Investment consultants and green investment: Risking stranded advice?*

Caldecott, B., & Dericks, G. (2018). Empirical calibration of climate policy using corporate solvency: A case study of the UK's carbon price support. *Climate Policy*. https://doi.org/10.1080/14693062.2017.1382318.

Caldecott, B., Harnett, E., Cojoianu, T., Kok, I., & Pfeiffer, A. (2016). *Stranded assets: A climate risk challenge*. Inter-American Development Bank.

Caldecott, B., Howarth, N., & McSharry, P. (2013). *Stranded assets in agriculture: Protecting value from environment-related risks*. Stranded Assets Programme, SSEE, University of Oxford.

Campiglio, E., Godin, A., Kemp-Benedict, E., & Matikainen, S. (2017). The tightening links between financial systems and the low-carbon transition. *Economic Policies Since the Global Financial Crisis*. https://doi.org/10.1007/978-3-319-60459-6_8.

Carney, M. (2015). *Breaking the tragedy of the horizon—Climate change and financial stability*. Speech given at Lloyd's of London by the Governor of the Bank of England, 29.

Carter, A. V., McKenzie, J., & Salam, J. (2019). *Amplifying 'keep it in the ground' first-movers: Toward a comparative framework*. Congress of the Humanities and Social Sciences.

Davis, S. J., Caldeira, K., & Matthews, H. D. (2010). Future CO_2 emissions and climate change from existing energy infrastructure. *Science*. https://doi.org/10.1126/science.1188566.

Davis, S. J., & Socolow, R. H. (2014). Commitment accounting of CO_2 emissions. *Environmental Research Letters*. https://doi.org/10.1088/1748-9326/9/8/084018.

Dordi, T., & Weber, O. (2019). The impact of divestment announcements on the share price of fossil fuel stocks. *Sustainability, 11*(11), 3122. https://doi.org/10.3390/su11113122.

Fang, M., Tan, K. S., & Wirjanto, T. S. (2019). Sustainable portfolio management under climate change. *Journal of Sustainable Finance and Investment*. https://doi.org/10.1080/20430795.2018.1522583.

Green, J., & Newman, P. (2017). Disruptive innovation, stranded assets and forecasting: The rise and rise of renewable energy. *Journal of Sustainable Finance & Investment, 7*(2), 169–187. https://doi.org/10.1080/20430795.2016.1265410.

Heede, R. (2014). Tracing anthropogenic carbon dioxide and methane emissions to fossil fuel and cement producers, 1854–2010. *Climatic Change, 122*(1–2), 229–241. https://doi.org/10.1007/s10584-013-0986-y.

Hunt, C., & Weber, O. (2018). Fossil fuel divestment strategies: Financial and carbon related consequences. *Organization & Environment, 32*, 41–61.

Hunt, C., Weber, O., & Dordi, T. (2017). A comparative analysis of the anti-

Apartheid and fossil fuel divestment campaigns. *Journal of Sustainable Finance and Investment, 7*(1). https://doi.org/10.1080/20430795.2016.1202641.

Jaccard, M., Hoffele, J., & Jaccard, T. (2018). Global carbon budgets and the viability of new fossil fuel projects. *Climatic Change, 150*(1–2), 15–28. https://doi.org/10.1007/s10584-018-2206-2.

Kay, J. (2012, July). *The Kay review of UK equity markets and long-term decision making* (Final Report).

Keys, P. W., Galaz, V., Dyer, M., Matthews, N., Folke, C., Nyström, M., et al. (2019). Anthropocene risk. *Nature Sustainability*. https://doi.org/10.1038/s41893-019-0327-x.

Knuth, S. (2017). Green devaluation: Disruption, divestment, and decommodification for a green economy. *Capitalism, Nature, Socialism*. https://doi.org/10.1080/10455752.2016.1266001.

Lamb, C. (2015). *Drying and drowning assets—How worsening water security is stranding assets*. http://www.strandedassets2015.org/agenda.html; http://www.strandedassets2015.org/uploads/2/6/9/5/26954337/session_v_presenter_ii_catelamb.pdf.

Marsden, T., Moragues Faus, A., & Sonnino, R. (2019). Reproducing vulnerabilities in agri-food systems: Tracing the links between governance, financialization, and vulnerability in Europe post 2007–2008. *Journal of Agrarian Change*. https://doi.org/10.1111/joac.12267.

McGlade, C., & Ekins, P. (2015). The geographical distribution of fossil fuels unused when limiting global warming to 2 °C. *Nature*. http://www.nature.com/nature/journal/v517/n7533/abs/nature14016.html.

Meinshausen, M., Meinshausen, N., Hare, W., Raper, S. C. B., Frieler, K., Knutti, R., et al. (2009). Greenhouse-gas emission targets for limiting global warming to 2 °C. *Nature, 458*(7242), 1158–1162. https://doi.org/10.1038/nature08017.

Mercure, J.-F., Pollitt, H., Viñuales, J. E., Edwards, N. R., Holden, P. B., Chewpreecha, U., et al. (2018). Macroeconomic impact of stranded fossil fuel assets. *Nature Climate Change*. https://doi.org/10.1038/s41558-018-0182-1.

Meyer, K. R. (1997). Restructuring and the market-to-book ratio. *Electricity Journal*. https://doi.org/10.1016/S1040-6190(97)80349-1.

Morel, A., Friedman, R., Tulloch, D. J., & Caldecott, B. (2016). *Stranded assets in palm oil production: A case study of Indonesia about the sustainable finance programme*. Smith School of Enterprise and the Environment, University of Oxford.

Muldoon-Smith, K., & Greenhalgh, P. (2019). Suspect foundations: Developing an understanding of climate-related stranded assets in the global real estate sector. *Energy Research and Social Science*. https://doi.org/10.1016/j.erss.2019.03.013.

Odenberger, M., & Johnsson, F. (2007). Achieving 60% CO_2 reductions within the UK energy system-Implications for the electricity generation sector. *Energy Policy*. https://doi.org/10.1016/j.enpol.2006.08.018.

Odenberger, M., Unger, T., & Johnsson, F. (2009). Pathways for the North European electricity supply. *Energy Policy*. https://doi.org/10.1016/j.enpol.2008.12.029.

Pearson, R. J., Turner, J. W. G., Eisaman, M. D., & Littau, K. A. (2009). Extending the supply of alcohol fuels for energy security and carbon reduction. *SAE Technical Papers*. https://doi.org/10.4271/2009-01-2764.

Perez, C. (1985). Microelectronics, long waves and world structural change: New perspectives for developing countries. *World Development*. https://doi.org/10.1016/0305-750X(85)90140-8.

Perez, C. (2009). Technological revolutions and techno-economic paradigms. *Cambridge Journal of Economics*. https://doi.org/10.1093/cje/bep051.

Pfeiffer, A., Millar, R., Hepburn, C., & Beinhocker, E. (2016). The '2°C capital stock' for electricity generation: Committed cumulative carbon emissions from the electricity generation sector and the transition to a green economy. *Applied Energy*. https://doi.org/10.1016/j.apenergy.2016.02.093.

Quéré, C. Le, Andres, R. J., Boden, T., Conway, T., Houghton, R. A., House, J. I., et al. (2013). The global carbon budget 1959–2011. *Earth System Science Data, 5*(1), 165–185.

Randalls, S. (2010). History of the 2°C climate target. *Wiley Interdisciplinary Reviews: Climate Change, 1*(4), 598–605. https://doi.org/10.1002/wcc.62.

Rautner, M., Tomlinson, S., & Hoare, A. (2016). *Managing the risk of stranded assets in agriculture and forestry* (Chatham House Research Paper).

Richels, R. G., Blanford, G. J., & Rutherford, T. F. (2009). International climate policy: A "second best" solution for a "second best" world? *Climatic Change*. https://doi.org/10.1007/s10584-009-9730-z.

Rogelj, J., Shindell, D., Jiang, K., Fifita, S., Forster, P., Ginzburg, V., et al. (2018). *Mitigation pathways compatible with 1.5 °C in the context of sustainable development—Global warming of 1.5 °C—An IPCC special report on the impacts of global warming of 1.5 °C above pre-industrial levels and related global greenhouse gas emission pathways, in the context of strengthening the global response to the threat of climate change*. https://doi.org/10.1017/CBO9781107415324.

Rothkopf, M. H. (1997). On misusing auctions to value stranded assets. *Electricity Journal*. https://doi.org/10.1016/S1040-6190(97)80315-6.

Schumpeter, J. A. (1942). Capitalism and the process of creative destruction. *Monopoly Power and Economic Performance*. https://doi.org/10.1017/CBO9781107415324.004.

Shimbar, A., & Ebrahimi, S. B. (2020). Political risk and valuation of renewable energy investments in developing countries. *Renewable Energy*. https://doi.org/10.1016/j.renene.2019.06.055.

Silver, N. (2017). Blindness to risk: Why institutional investors ignore the risk of stranded assets. *Journal of Sustainable Finance and Investment*. https://doi.org/10.1080/20430795.2016.1207996.

Stern, J. (2012). Developing upstream competition in the England and Wales water supply industry: A new approach. *Utilities Policy*. https://doi.org/10.1016/j.jup.2011.11.007.

Strauch, Y., Dordi, T., & Carter, A. V. (2020). Constraining fossil fuels based on 2 °C carbon budgets: The rapid adoption of a transformative concept in politics and finance. *Climatic Change, 160*, 181–201.

Swilling, M., & Annecke, E. (2012). *Just transitions: Explorations of sustainability in an unfair world*. United Nations University Press.

Thomä, J., & Chenet, H. (2017). Transition risks and market failure: A theoretical discourse on why financial models and economic agents may misprice risk related to the transition to a low-carbon economy. *Journal of Sustainable Finance and Investment, 7*(1). https://doi.org/10.1080/20430795.2016.1204847.

Traut, M., Larkin, A., Anderson, K., McGlade, C., Sharmina, M., & Smith, T. (2018). CO_2 abatement goals for international shipping. *Climate Policy*. https://doi.org/10.1080/14693062.2018.1461059.

Trinks, A., Scholtens, B., Mulder, M., & Dam, L. (2018). Fossil fuel divestment and portfolio performance. *Ecological Economics, 146*(1), 740–748.

van der Ploeg, F., & Rezai, A. (2020). The risk of policy tipping and stranded carbon assets. *Journal of Environmental Economics and Management*. https://doi.org/10.1016/j.jeem.2019.102258.

Vogt-Schilb, A., & Hallegatte, S. (2017). Climate policies and nationally determined contributions: Reconciling the needed ambition with the political economy. *Energy and Environment*. https://doi.org/10.1002/wene.256.

Woychik, E. C. (1995). A California restructuring settlement: Will all the parties agree? *The Electricity Journal*. https://doi.org/10.1016/1040-6190(95)90105-1.

第 4 章　可持续发展风险、风险管理框架和非财务信息披露

马尔科·米廖雷利（Marco Migliorelli）
弗拉基米罗·马里尼（Vladimiro Marini）

摘要： 本章对金融机构充分考虑可持续发展风险对其业务的实际和潜在影响后进行的战略调整和组织架构调整进行了概述。为此，本章首先指出，金融机构需对其组织架构各层级的职能进行完善，以确保风险管理框架的有效性，尤其应提高管理委员会、风险管理职能部门和业务运营部门的履职能力。随后，本章通过阐释既有行业标准和政策标准，探讨了可持续发展信息披露问题。本章得出的结论是，若想通过可持续发展相关信息披露来强化市场约束，需要进一步提升信息质量和可比性。

关键词： 可持续发展风险；气候变化相关风险；风险管理框架；非财务信息披露；可持续发展相关信息披露；可持续金融

4.1　引言

随着金融机构逐渐认识到可持续发展风险[①]对其业务的重要性，

本章内容不代表欧盟委员会的官方意见。作者对所述信息和观点负全部文责。

马尔科·米廖雷利（Marco Migliorelli），第一大学企业管理学院（索邦商学院），法国巴黎，电子邮箱：Marco. Migliorelli@ ec. europa. eu。

弗拉基米罗·马里尼（Vladimiro Marini），罗马第二大学，意大利罗马。

① 与气候变化相关的可持续发展风险包括：洪涝、干旱、风暴发生频率和强度的增加；气候条件的永久性变化；海平面上升；大宗商品市场遭受冲击或价格高度波动。与环境恶化相关的可持续发展风险包括但不限于：空气污染或水污染；森林滥伐；生物多样性丧失。与社会不平等相关的可持续发展风险包括：工人待遇不公；歧视女性；歧视少数族裔；社会倾销。上述风险会给金融机构带来直接和间接的金融风险。关于结构化分析，详见第 1 章。

其风险应对方式或在未来几年内发生重大变化。极少数的银行和其他金融机构已经开始采用结构化方法关注可持续发展风险尤其是气候风险，并将其视为金融风险新的来源。在这方面，上述机构已在整体战略和风险分析层面采取行动，对气候变化相关风险进行系统性监测，对行业投资组合进行审查以量化风险敞口，并成立专门的风险委员会，定期举行会议专门讨论这一新的风险来源（法国审慎监督管理局，2019）。与此同时，部分金融机构在设计战略定位时，也将降低信贷组合碳足迹的目标纳入考虑，旨在适应巴黎协定提出的2℃目标（如，法国审慎监管局，2019）。尽管如此，不同金融部门应对上述风险的意识和行动仍存在较大差异，在组织架构转变的成熟度和深度方面差异尤甚。实际上，为了做好充分的风险应对准备，政府机构应更深入地参与最高层决策，金融机构应提高其专业水平，将可持续发展风险逐步纳入既有风险管理框架，并对相关风险管理工具进行完善。

在此背景下，本章对金融机构充分考虑可持续发展风险对其业务的实际和潜在影响后进行的战略调整和组织架构调整进行了概述。第4.2节对金融机构风险管理框架中需要完善的环节进行了分析，尤其是管理委员会、风险管理职能部门和业务运营部门的履职能力。第4.3节通过阐述既有标准、评估实际政策环境中市场约束的有效性，对可持续发展相关信息披露问题进行了探讨。

4.2 风险管理和可持续发展风险

4.2.1 将可持续发展风险纳入风险管理框架

风险管理是金融机构的核心活动，旨在确保金融机构全部重大风险均能被准确识别、测度、管理和报告。鉴于此，风险管理职能部门可以通过随时提供某项业务的实际和潜在风险全貌，参与金融机构风险战略制定，以及能够显著影响业务风险水平的决策[①]。

在可持续发展风险对金融机构可能影响的评估中，关于既定程序和做法应进行多大程度的改变，风险管理部门发挥着关键作用。另外，管理委员会和业务运营部门（前台、分支机构及其他承担风险的部门）也发挥着重要作用，即制定和实施本机构的风险承担战略。为描述可持续发展风险对金融机构战略和组织架构的可能影响，图 4.1 给出当下金融业中典型的一般性风险管理框架，包括风

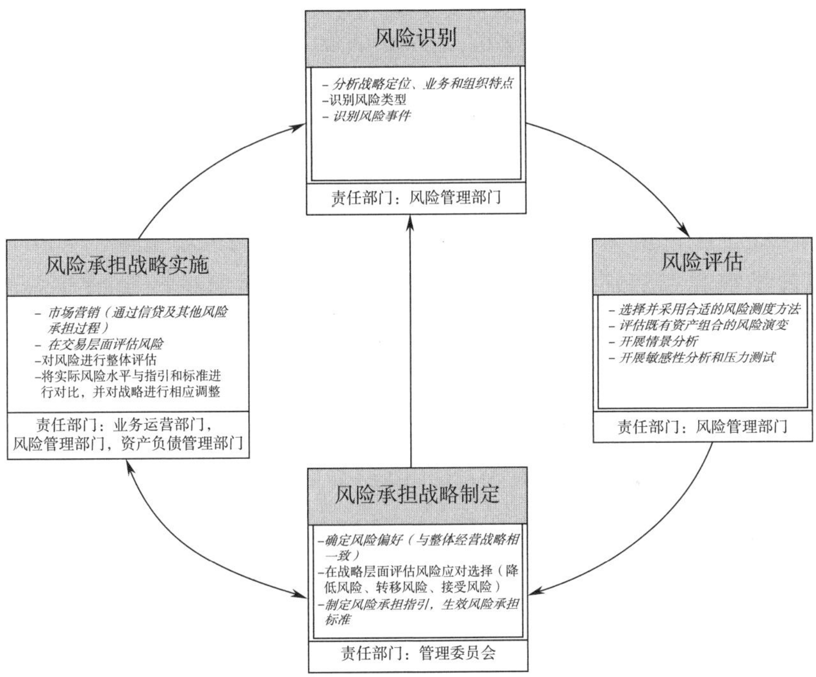

注：斜体字表示将可持续发展风险纳入考虑后需进行调整的活动。

图 4.1　风险管理框架和可持续发展风险的影响

（资料来源：作者整理）

① 在广义的内控体系中，风险管理部门是金融机构“三道防线”模型的构成部门之一，这一模型也被相关监管政策所认可。在这一模型中，担任金融机构第一道防线的业务部门通常负责识别每笔交易的风险，确保风险管理行为符合既有程序和限制。第二道防线包括风险管理部门、合规部门和保险公司的精算部门，这些部门共同负责根据既有规则识别和应对风险。第三道防线由内审部门担任，负责评判各部门是否遵守规则和程序以及内控体系的有效性。

险识别、风险评估、风险承担战略制定和实施四个主要阶段。将可持续发展风险纳入考虑后需进行调整的活动在图中以斜体标出以示强调。

4.2.2 识别风险背景

风险背景（也称风险清单）是构建风险治理体系的基础。鉴于此，识别风险背景是风险管理部门的核心职责。定义风险背景，应对可能对金融机构产生经济或金融影响的相关风险类别进行全面分析，这些风险源于金融机构的业务特点和风险承担战略。风险主要按照业务进行分类（如信贷风险、市场风险、流动性风险、操作风险），并与特定风险事件相关（如信贷风险与客户违约或贷款抵押物价值降低有关）。风险管理部门已广泛采用专门的风险分类法和风险登记法，系统地描述风险类别和风险事件之间的关系。在确定风险类别和相关风险事件时，应特别关注金融机构的关键业务领域，这些领域通常涉及特定的经济部门、地理位置、客户群体、营销渠道，还包括机构内部与业务运营相关的风险。

对风险管理部门而言，将可持续发展风险纳入风险背景考量，是评估可持续发展风险对金融机构影响的关键。从风险管理角度看，可持续发展风险可能不是一个独立的风险类别。更准确地说，可持续发展风险是一类新兴的、可能触发既有风险事件（或加剧其负面影响）的重要因素①。例如气候变化引发的极端天气事件，如洪涝或飓风，可能导致银行客户遭遇生产中断或资产意外损失，进而影响其偿付能力，银行应将其视为信用风险敞口增加。同理，极端天气事件可能导致保险公司面临高于预期赔付的承保风险，保险公司应恰当地管理由此引发的流动性风险和物理风险②。

尽管可持续发展风险不被视为一个独立的风险类别，但金融机构应系统地分析气候变化、环境恶化、社会不平等和其他可持续发

① 参见英国审慎监管局（2018）或法国审慎监督管理局（2019）。

② 关于可持续发展风险为何不应被视为一类新兴的、独立的风险类别，参见第 1 章。

展因子对其业务的影响，尤其应对可持续发展风险对本机构金融风险的传导渠道进行识别并将其纳入风险背景考量。为此，应对既有的风险分类法和风险登记法进行补充完善[①]。

4.2.3　评估风险（风险情景的定义）

风险评估是金融机构风险管理框架的第二阶段。构建评估方法并对其进行定期更新，是评估风险的基础，评估方法通常根据风险分类设置，以考虑潜在风险事件的内在特征[②]。当前，可持续发展风险分析方法亟待创新。在这一领域，风险情景分析是一种重要的分析工具，目前主要用于评估气候变化的影响以及相关物理风险和转型风险[③]（Oliver Wyman 2019；PIK 2014）。一般而言，情景分析用于检验金融机构对单一事件或组合事件的应对情况，从而了解其承受可能冲击的能力。可持续发展风险的内在特征，决定了长期内其影响可能会加速传播。鉴于此，风险情景应合理反映未来气候、环境、社会或政策变迁，并运用最准确的数据进行预测。这些预测应与既有的国际协定和倡议，尤其是《巴黎协定》和联合国可持续发展目标保持一致[④]。

实践中，开展可持续发展情景分析评估金融风险包括四个步骤。第一步，确定长期状态或目标（例如，在气候变化影响分析中，将长期目标确定为全球平均气温较前工业化水平上升 2℃，即

---

① 关于系统描述可持续发展风险与金融风险关系的结构化分类法，参见第 1 章。

② 在这方面，有大量文献对应对传统风险类型（如市场风险、信用风险或操作风险）的风险管理方法进行探讨。例如 Bessis（2011），Jorion（2007），De Servigny 和 Renault（2004）或 Christoffersen（2003）。

③ 物理风险可定义为可能触发财产损失或贸易中断的气候或天气事件对保险公司债务和金融资产价值的影响。转型风险可定义为向低碳经济转型过程中可能产生的金融风险，例如政策和技术变迁、物理风险变化等使成本与机会成本变得更加透明，进而可能导致资产大范围价值重估（如，英格兰银行，2015）。

④ 例如，根据《巴黎协定》，国际社会承诺“将全球平均气温较前工业化水平上升幅度控制在 2℃以内，并努力将气温上升幅度控制在 1.5℃以内”。从风险管理角度看，可以建立 2℃和 1.5℃风险情景，用以评估转型风险和物理风险对不同经济部门的影响。部分情景请参阅欧盟委员会（2018）。

《巴黎协定》所规定的上限，或2050年前实现碳中和）。第二步，定义实现长期目标的可能模式（例如，为了实现碳中和，经济体系应实现全面电气化或广泛部署低碳能源）。第三步，确定每种模式下的可持续发展风险（例如，通过广泛部署低碳能源实现碳中和模式下，石油产业遭遇的资产价值损失及相关转型风险，极端天气事件及相关物理风险）。第四步，评估风险对特定金融机构的重要性（例如，投资组合中石油公司股票价值下降，极端天气导致既有和潜在客户信誉降低）。风险情景的构建通常需要采用不同复杂程度的统计模型。图4.2总结了风险情景分析的主要步骤，并列示了气候变化、环境恶化和社会不平等[①]等可持续发展因子的几类重要情景。

注：各步骤所涉内容仅做简单说明，未详细展开。

图4.2　建立可持续发展风险情景分析

（资料来源：作者整理）

① 关于气候变化情景构建参数的其他资料，参阅气候相关财务信息披露工作组（2019，第69－71页）。

风险情景分析应根据每家金融机构的特征而定，尤其是金融机构对特定行业、地域和政策环境的风险敞口。鉴于此，每家金融机构都应根据自身风险情况和规范确定特定的分析假设，并考虑可能的替代情景。情景分析的结果可从定量或定性的角度解释，同时还要考虑用于分析的统计模型的稳健性。重要的是，分析结果应涉及短期、中期和长期影响，以推动有效的战略决策。建立的情景还可用于敏感性分析（通过预测关键变量的变化）和压力测试（通过考虑金融机构的长期资本和流动性头寸）①，从而得出金融机构对可持续发展风险的抵御能力。

近年来，在应对气候变化风险的情景构建等方面，取得了一些实质性进展。在这方面，逐渐出现了影响情景和转型情景的例子②③。这些情景通常基于复杂模型，并得到国际组织的推崇（例如国际能源署，2019；联合国政府间气候变化专门委员会，2018）。影

① 在这方面需要强调的是，包括金融体系绿色化网络（NGFS）、欧洲系统性风险委员会（ESRB）和欧央行（ECB）在内的众多国家和国际组织正致力于研究建立与气候相关的压力测试情景。

② 2020 年 4 月，法兰西银行发表论文，给出了一种工具，用于建立气候变化情景以预测国内生产总值（GDP），将气候变化及其缓解措施对 GDP 的影响纳入模型。论文基于供给侧长期视角，以 2060 年和 2100 年为界进行分析。论文给出的工具可用于预测全球的情况（30 个国家或地区），在全球以及国家或地区层面均具有假设条件，并得出预测结果。模型根据各类能源的二氧化碳排放情况，将五类能源投入纳入考虑。在预测的各个阶段，可以使用估计参数或既有文献给出的参数进行全面校准。特别是作为未来经济增长和二氧化碳排放量不确定性主要来源的全要素生产率（TFP）是内生的，其影响因素包括能源价格，投资价格，教育，结构性改革和就业回报率的下降。模型还给出了四种情景：常规经营情景（BAU），即能源价格相对物价水平保持稳定；可再生能源相对价格（DREP）下降情景，即不涉及二氧化碳排放的电力相对价格每年下降 2%；低碳税（LCT）情景，即涉及二氧化碳排放的能源相对价格每年增长 1%；高碳税（HCT）情景，即涉及二氧化碳排放的能源相对价格每年增长 3%。论文详情请参阅法兰西银行报告（2020）。

③ 气候相关财务信息披露工作组（TCFD）对 198 个金融机构和其他机构进行的一项调查中，43% 的受访机构表示使用了转型风险情景，33% 使用了物理风险情景，15% 使用了其他风险情景，19% 的受访机构正在制定其第一个风险情景，22% 没有使用任何风险情景（原因包括：缺乏标准化的情景和假设，认为该模型过于复杂且成本过高，认为气候风险并非重要风险，有其他优先关注事项，使用了其他方法）。受访机构还强调了开发场景时遇到的主要问题，即缺乏与业务相关的微观数据和用于情景分析的工具；在情景确定（尤其业务导向的情景）以及将气候相关情景与业务需求相联系方面存在困难；在量化气候问题给业务运营和融资带来的风险和机遇方面存在困难；在描述机构风险韧性方面存在挑战。参见 TCFD（2019）。

响情景旨在丰富对人类和环境产生直接影响，进而对金融机构产生影响的气候变化风险管理内涵。为此，这类情景通常对长期中（直至2050年或以后）气候变化风险的影响地区和影响程度进行预测，涵盖农业、公共基础设施、制造业和能源产业等关键行业。全球变暖及其相关研究也可作为重要的分析导向，即气温情景。这类情景旨在评估物理风险的影响，可基于统计概率进行预测①。转型情景则旨在分析推动低碳转型的政策变迁和技术进步给相关行业带来的风险。这类情景主要模拟化石燃料行业的未来发展（及其与其他行业的关系），并试图反映实现特定气候目标过程中的情况。为此，通常首先通过考虑碳排放权成本或债务成本变化等参数来确定企业层面相关成本和支出概况，以便对企业的长期价值进行估算，进而作出整体评估。

4.2.4 制定风险承担战略

管理委员会负责决定风险承担战略并明确职责分工。在这种情况下，可持续发展问题必须受到重视，管理委员会要为此对股东和其他利益相关者负责。现有文献已经强调了，机构将可持续发展风险管理列入战略选择的考虑范围，在考虑利润目标的同时，也考虑气候、环境和社会政策（Anderson、Anderson，2009）。这些政策旨在通过减少自然资源使用、减少碳排放和有毒物质（副产品）等方式来减少公司的负面影响，确保企业在保护环境和对社会产生积极影响的同时，足以有效维持业务发展（Anderson、Anderson，2009）。在这方面，目前已有证据证明，被视为参与可持续发展的公司可能从中获得实际利益（例如，更好的客户忠诚度、其产品或

① 影响情景还可以运用既有的灾难模型。这类模型在过去几十年中被开发使用，旨在识别、评估和管理自然灾害风险，尤其是与地震和气候灾害有关的风险，预测保险损失。此外，还有针对热带风暴、洪水、龙卷风或丛林大火的高级模型，这些模型基于特定国家或地区的历史数据开发得出。因此，这些模型也可用于分析金融机构面临的物理风险，尽管当前仍存在局限性，主要由于既有模型涵盖的国家/地区数量有限，且对物理风险与金融风险之间的关系缺乏结构性分析。

服务更可能获得市场溢价）（Anselmsson 等，2014；Migliorelli、Dessertine，2019a）。至少在过去 20 年中，公司财务绩效与环境、社会和治理（ESG）绩效之间已经存在着普遍的正相关关系（Friede 等，2015）[①]。

然而，管理委员会在探讨可持续发展风险对金融风险的影响时，应该对那些最近文献才开始探讨的新因素加以考虑。第一种是金融机构风险承担战略的时间范围与可持续发展风险的时间范围之间通常存在不匹配（英格兰银行，2015；国际清算银行，2020）。一方面，利益相关者给管理委员会施加的短期盈利压力往往是巨大的，战略计划通常时间跨度仅为三到五年。另一方面，可持续发展风险预计将在长期内逐步发挥其影响（联合国政府间气候变化专门委员会，2018），短期内实质性影响可能仍然相对有限。因此，管理委员会在采取具体的风险承担战略时，可能会低估或无视可持续发展风险的潜在长期后果[②]。然而，一些风险决策通常会伴随相当长的时期（例如，发起 30 年期抵押贷款投资组合的情况，或为拓展新的客户群体而发起大规模投资的情况），并可能降低机构对不断变化的市场条件作出反应的灵活性。在这种情况下，当可持续发展风险最终开始变得重要时，锁定效应可能就会出现，短期回报可能会转变为长期损失（见图 4.3）。

在考虑可持续发展风险对金融风险的影响时，管理委员会应关注的第二个因素是公正地重估金融机构的风险偏好。事实上，自愿承担一定程度的可持续发展风险是管理委员会可做的一项战略选择。在金融方面，这可能意味着承担更高的信用风险（例如，银行决定继续向污染部门提供贷款的情况），或者承担更高的市场风险

① 在许多研究中这种关系已经得到了证明，即使考虑到典型的内生性问题（即财务上最成功的公司可能是自主参与可持续发展的公司这一事实）。

② 在气候相关财务披露特别工作组（TCFD）向 198 家金融机构和其他组织发起的一项调查中，60% 的受访者表示，气候相关问题是当前或未来一到两年的重大风险，28% 的受访者认为与气候相关问题在六年或更长时间内才会成为重大风险或者表示不确定（气候相关财务披露特别工作组，2019）。

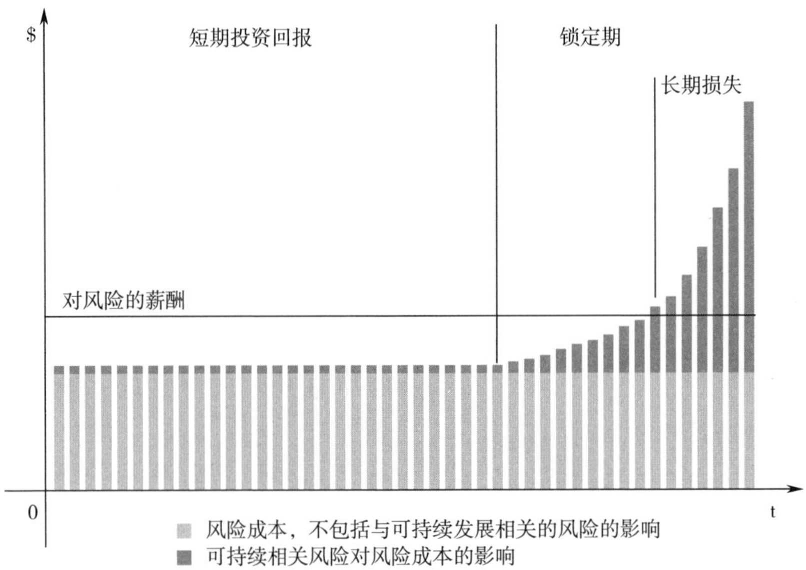

注：[图中显示了当未考虑可持续发展风险时采用短视型策略所导致的状态。风险成本不会根据可持续发展风险的长期影响作系统性调整。在此情景下，可持续发展风险（作为风险成本的一部分）在长期范围内的重要性增加，会导致短期的回报和长期的损失]。

图 4.3　可持续发展风险对短期风险承担战略的长期影响

（资料来源：作者整理）

（例如，保险公司在其投资组合中持有某公司的股份，而该公司不能保证公平对待员工）。因此，可持续发展风险，应根据金融机构的风险偏好，成为其战略思考的组成部分。在这种情况下，可以说，一个机构准确定价可持续发展风险的能力将逐渐变得重要。事实上，未能正确为这些风险定价可能会导致无报酬的风险承担，或者错失规避风险的机会。

4.2.5　实施风险承担战略

交易层面分析是可持续发展风险管理中另一个须重点关注的领域。原则上，当识别到新风险出现时，需要在实际和潜在客户的风险评级中进行反映。然而，就可持续发展风险而言，金融业迄今为止在这方面进展甚微（法国审慎监督管理局，2019；Oliver Wyman，2019）。部分银行和非银行金融机构出台了特定措施，限制业务部门为具有负面气候、环境或社会影响的项目融资（汇丰银行，2020）。[①] 事实上，这种做法更多是因为金融机构意识到促进可持续发展的重要作用，而不是因为金融机构重视管理可持续发展风险对金融风险的影响（Migliorelli、Dessertine，2019b）。此外，无论如何实际和潜在客户仍可能会受到可持续发展因素（如气候变化或环境退化）的影响，这种措施并不能完全使金融机构免于可持续发展风险。

未来可能出现的是，随着可持续发展风险重要性的增强，现有评级流程也会随之调整。这一过程最有可能先由成熟的评级机构发起，并逐渐被金融机构应用在其内部风险评估中（特别是使用内部评级系统的银行）。在欧元区，欧洲证券和市场管理局（ESMA）最近提供了将可持续发展纳入信用评级的技术建议（欧洲证券和市场管理局，2019a、b）。关于这一点，在将可持续发展纳入信用评级的问题上，评级机构已经将与公司治理有关的方面纳入考虑[②]，因为它们会更直接地影响战略决策、劳动力政策以及企业扩张的构想（包括污染排放、利益冲突管理、合规、会计和报告实务、高管薪酬等）。而且，每一个实体都有治理风险，而气候或环境因素则因对象的行业部门及其所在地的不同而不同。[③] 具体而言，评估违约或预期损失可能性的方法包括可持续发展因素如何影响实体资产变现能力，可持续发展相关事件对实体资本成本的影响，可持续发展管理成本对实体利润产生的影响等（为此可以再次用到情景分析）。

① 请参阅此处 https：//www. hsbc. com/our - approach/risk - and - responsibility/sustainabilityrisk，汇丰银行采用的全套可持续发展风险政策，可作为非可持续发展项目和方案的排除标准的具体示例。

② 同时，一些信用评级机构还将监管环境、法律和金融基础设施以及治理决策所依据的制度环境纳入考虑（欧洲证券和市场管理局，2019b）。

③ 环境风险有时由可再生资源的使用和废弃物管理来代表，社会风险有时由人均 GDP、收入不平等、政治风险、制度实力和世界银行等问责机构提供的其他指标来代表（欧洲证券和市场管理局，2019b）。

影响评估的主要因素包括数据的可用性以及评估机制和披露机制的一致性（欧洲证券和市场管理局，2019b）。

4.3 可持续发展活动的披露和风险

4.3.1 可持续发展风险及其披露的重要性

财务披露旨在向投资者提供公司业绩，以及向所有类型的利益相关者（包括公共行政部门、公民和非营利组织）提供充分、可靠和可比的信息。这样，对公司的外部公正的评估就成为可能，并可以有效地推动投资决策。近年来，决策者越来越关注可持续发展信息（作为非财务披露的一部分），将其作为可能推动私营企业可持续活动和政策的工具。[①] 尽管可能增加成本，披露可持续发展信息也可以为公司带来诸多实实在在的好处。在这些好处中，不仅包括在市场中不断提高的企业社会责任意识，还包括一种更好地理解可持续发展风险（包括风险管理方面）的心理动力，以及更多样化且更低成本的投资。[②]

当涉及识别要披露的可持续发展信息时，即使司法管辖区和实践之间存在高度异质性，一些原则也在逐渐出现。如披露的信息应该是：实质性的、公平的、平衡的、可以理解的；全面但简洁，具备战略性和前瞻性；以利益相关者为导向；一致且连贯的（例如，欧央行，2019）。实质性方面，由于评估已经是财务会计和报告的基石，因此对任何有财务影响的项目都必须进行衡量和适当的核算。然而，与可持续发展因子相关的实质性披露，不仅包括在财务方面具有直接和可衡量影响的信息，而且包括从广义角度出发可能

① 有关可持续发展和环境报告的演变综述，请参见 Weber 和 ElAlfy（2019）。

② 这可能是长期的结果，例如，与提高债务发行的信用等级和对银行贷款的信用评估有关，或者与公司证券的投资基金组合配置有关。但是，到目前为止，这种可能的结果在科学文献中几乎没有证据。

影响公司价值的任何因素。从这点出发，可以将信息披露的对象划分为两大类。第一类是指公司开展的活动对可持续发展产生积极或消极影响的。[①] 例如，披露公司的温室气体排放水平，或公平对待员工、尊重人权、反腐败和反贿赂内部规则等方面采取的政策。第二类信息涉及与可持续发展相关的抑或可能对公司产生财务影响的直接和可衡量的因素和风险。这些信息包括对由于气候变化（以干旱、洪水和风暴的高发生率的形式出现）而产生的实际损失和潜在损失的量化，以及面临此类风险的地点或业务类型。

因此，披露与可持续发展相关的信息应使我们能够全面了解公司的整体可持续发展绩效，以及与可持续发展风险的具体影响。如此宽广的范围在今天来看对市场投资者尤为重要，他们确实需要了解公司的可持续发展特征以满足自己投资组合的选择需求（例如，决定在可持续发展资金池中环保企业的投资份额）以及进行财务风险评估（例如，在气候变化威胁下银行分析客户信誉度的案例）。

4.3.2　现有的主要标准和框架

由于可持续发展信息披露仍是新兴事物，当前不同主体披露可持续发展相关信息的方法仍存在较大差异。过去几年里，一些司法管辖区和组织开始制定和推广标准及框架，特别关注气候变化的影响、环境的保护、社会和治理问题。包括欧盟非财务报告指引在内的部分可持续发展信息已经被强制要求披露，而气候信息披露项目（CDP）、气候信息披露标准委员会（CDSB）、全球报告倡议组织（GRI）、负责任投资原则组织（PRI）、可持续会计准则委员会（SASB）、气候相关金融信息披露工作组（TCFD）等项目和组织正在出台引导自愿披露的指导方针。表 4.1 总结了现行主要的披露标准及框架。

---

① 本书中包含的大部分观点皆指第二类。

表 4.1　　　　可持续发展信息的主要披露标准及框架

司法管辖区/组织	标准或框架	可持续发展周界	主要信息披露特征
司法管辖区欧盟	欧盟指令 2014/95 关于披露非财务和多样性信息（非财务报告指令 - NFRD）和如何披露的指导方针	社会及环境议题	强制上市公司信息披露（财务和非财务）。报告在环境保护、社会责任和员工待遇、尊重人权、反腐败和贿赂、公司董事会多样性、温室气体（GHG）排放、能源消费、能源生产等方面执行的政策。关于如何披露的指导方针不具有约束力
法国	能源过渡法（2015 年）第 173 条	气候变化	上市公司（金融和非金融）的强制性披露。披露与气候变化有关的风险，气候变化对公司活动的影响以及所产商品和服务的使用。对于机构投资者而言，温室气体排放量和对限制全球变暖目标的贡献
美国	证券交易委员会（SEC）关于与气候变化有关的披露的指南	气候变化	对于上市公司（金融和非金融），必须进行强制性披露。报告与气候相关的重大风险以及可能影响或已经影响公司财务状况的因素，例如法规、条约和协议、业务趋势和实际影响
组织碳披露项目（CDP）	CDP 问卷	气候变化，森林，水安全	自愿披露。报告有关治理、风险和机遇、策略、气候变化相关的信息、森林和水供给。也可以包括基于评分的评估事项
气候公开标准委员会（CDSB）	气候变化报告框架	气候变化	自愿披露。根据影响程度报告与气候风险和机遇有关的表现，报告解决这些影响的治理程序，报告重大气候相关的问题的风险敞口，报告以温室气体排放为标准的解决这些问题的战略或计划
气候公开标准委员会（CDSB）	报告环境信息、自然资本和相关业务影响的框架	环境保护	自愿披露。报告对理解公司财务风险具有实质性意义的环境信息。信息可能包括自然资本依附、环境结果、环境风险与机遇、环境政策及其结果、符合环境目标表现

续表

司法管辖区/组织	标准或框架	可持续发展周界	主要信息披露特征
全球报告倡议（GRI）	可持续发展报告标准	经济、环境和社会问题	自愿披露。报告标准包括机构重大经济、环境和社会的影响。评估主题涉及材料、能源、水、生物多样性、排放、废物、环境合规性、供应商等
负责任的投资的原则（PRI）	PRI 报告框架	经济、社会和治理（ESG）问题	自愿披露。报告负责任投资的原则的适用情况
可持续发展会计准则委员会	SASB 概念框架，SASB 标准	环境、社会资本、人力资本、商业模式和创新、领导能力和治理	自愿披露。披露重要性驱动问题，涉及可能影响行业内公司财务状况或经营业绩的问题。为 77 个行业制定的标准
气候相关财务信息披露工作组（TCFD）	TCFD 的建议和建议的披露	气候变化	自愿披露。报告与治理、战略、风险管理实践有关的信息，以及与气候变化相关问题有关的指标和目标（另见表 4.2）

在上述提到的标准和框架中，气候相关财务信息披露工作组的披露建议已成为气候相关信息的重要参考，并适用于银行、保险公司、资产管理公司及其所有者，且有可能在部分特定的司法管辖区强制披露。[①] 金融信息披露工作组将气候风险分成了两类，分别是向低碳经济转型的风险和气候变化的物理影响风险（金融信息披露工作组，2017），它建议从治理、战略、风险管理、指标四个方面进行披露，重点评估不同气候环境（特别是 2℃或更低温度下的气候环境）及其潜在财务影响。表 4.2 详细说明了金融信息披露工作

① 如果某些建议披露的要素不符合财务报告信息披露要求，金融信息披露工作组鼓励相关企业或组织每年至少一次在其他官方公司报告中披露气候相关信息，并广泛告知利益相关者。

组的披露建议①。

表 4.2　　TCFD 的建议和支持的信息披露事项

公司治理	战略	风险管理	指标/目标
推荐建议			
公开气候风险和机遇相关的机构治理	披露气候风险和潜在对组织业务、战略和财务规划的实际和潜在影响（如果这些信息是重要的）	披露机构如何识别、评估和管理气候风险	公开用于评估和管理气候风险和机遇的指标和目标（如果此类信息是重要的）
建议的信息披露事项			
• 描述董事会对气候风险和机遇的监督 • 详细描述管理层在评估和管理气候风险和机遇方面的作用	• 描述机构已确定的短期、中期和长期的气候风险和机遇 • 描述气候风险和机遇对机构的业务、战略和财务规划等方面的影响 • 描述机构战略的弹性，采取考虑到不同的因素与气候相关的场景，包括2℃或更低的场景	• 描述机构识别和评估气候风险的工作流程 • 描述机构管理气候风险的流程 • 描述识别，评估和管理气候风险等过程是如何融入本机构的整体风险管理中的	• 披露该机构用于评估气候风险和机遇及符合其战略和风险管理流程的指标 • 披露温室气体（GHG）排放情况及相关风险 • 描述该机构用于管理气候风险、机遇和绩效的目标

资料来源：作者引自气候相关财务信息披露工作组（2017）。

4.3.3　市场自律和可持续发展风险：一种重要的关系？

可持续发展相关信息披露是否能有效反映市场自律并推动投资者决策，这一问题至关重要。尽管近年来企业对可持续发展相关信息的披露有所增加，但不难发现，其在披露信息的数量、质量、可比性上的改进主要是基于满足投资者和利益相关者的需要，即使是强制披露，在信息类型和披露方式上，公司通常也具有高度灵活性。这样的灵活性虽然减轻了公司在非财务信息披露方面的负担，但也使不同公司之间的对比变得困难。事实上，当前不同公司可持

① 金融信息披露工作组建议信息披露应包含在公司的年度财务报告中，如果公司将其单独披露或与其他报告交叉引用，则应以简单且用户友好的方式进行，例如在报告中添加可直接点击的链接索引。

续发展信息披露的高度异质性很可能导致这种披露无法精准反映市场规律，并阻碍了广泛采用可持续发展信息披露的良性导向。基于此，信息披露的位置也很重要。本文认为，非财务信息披露的默认位置应该是公司的管理报告或最终财务报告附注。尽管如此，仍有许多公司选择在单独的报告中发布包括可持续发展信息在内的非财务信息，这种做法会分散公开内容的有效性。退一步说，当公司选择使用单独报告披露非财务信息时，至少应该确保最终目标客户能够轻松访问信息，同时增加信息的可得性和可用性。

参考文献

Anderson, D., & Anderson, K. E. (2009). Sustainability risk management. *Risk Management and Insurance Review, 12*(1), 25–38.

Anselmsson, J., Bondesson, N. V., & Johansson, U. (2014). Brand image and customers' willingness to pay a price premium for food brands. *Journal of Product and Brand Management, 23*(2), 90–102.

Autorité de contrôle prudentiel et de résolution (ACPR). (2019). *French banking groups facing climate change-related risks*. Paris.

Bessis J. (2011). *Risk management in banking*. Chichester: Wiley.

Bank for International Settlements (BIS). (2020). *The green swan. Central banking and financial stability in the age of climate change*. Basel.

Bank of England (BoE). (2015, September). *Breaking the tragedy of the horizon—Climate change and stability*. Speech given by Mark Carney, Governor of the Bank of England.

Banque de France. (2020). *Long-term growth impact of climate change and policies: The Advanced Climate Change Long-term (ACCL) scenario building model* (Working Paper Series no. 759).

Christoffersen, P. F. (2003). *Elements of financial risk management*. Amsterdam: Academic Press.

De Servigny, A., & Renault O. (2004). *Measuring and managing credit risk*. New York: McGraw-Hill.

European Commission (EC). (2018). *A Clean Planet for all. A European strategic long-term vision for a prosperous, modern, competitive and climate neutral economy*. COM(2018) 773 final, Brussels.

European Commission (EC). (2019). *Guidelines on non-financial reporting: Supplement on reporting climate-related information*. 2019/C 209/01, Brussels.

European Securities and Markets Authority (ESMA). (2019a). *Final report—Guidelines on disclosure requirements applicable to credit ratings*. ESMA 33-9-320.

European Securities and Markets Authority (ESMA). (2019b). *ESMA Technical advice to the European Commission on sustainability considerations in the credit rating market*. ESMA 33-9-321.

Friede, G., Busch, T., & Bassen, A. (2015). ESG and financial performance: Aggregated evidence from more than 2000 empirical studies. *Journal of Sustainable Finance and Investment, 5*(4), 210–233.

HSBC. (2020). *Introduction to HSBC's sustainability risk policies*. London.

Intergovernmental Panel on Climate Change (IPCC). (2018). *Special report. Global warning of 1.5 °C*.

International Energy Agency (IEA). (2019). *World Energy Model. Scenario of future energy trend*. Paris.

Jorion, P. (2007). *Value-at-risk*. New York: McGraw-Hill.

Migliorelli, M., & Dessertine, D. (2019a). From transaction-based to mainstream green finance. In M. Migliorelli & D. Dessertine (Eds.), *The rise of green finance in Europe. Opportunities and challenges for issuers, investors and marketplaces*. Cham: Palgrave Macmillan.

Migliorelli, M., & Dessertine, D. (Eds.). (2019b). *The rise of green finance in Europe. Opportunities and challenges for issuers, investors and marketplaces*. Cham: Palgrave Macmillan.

Oliver Wyman (2019). *Climate change. Managing a new financial risk*. London.

Potsdam Institute for Climate Impact Research (PIK). (2014). *Understanding change in patterns on vulnerability* (PIK Report 127).

Prudential Regulation Authority (PRA). (2018, September). *Transition in thinking: The impact of climate change on the UK banking sector*.

Task Force on Climate-related Financial Disclosures (TCFD). (2017). *Recommendations of the Task Force on Climate-related Financial Disclosures*. Basel.

Task Force on Climate-related Financial Disclosures (TCFD). (2019). *Status report*. Basel.

Weber, O., & ElAlfy, A. (2019). The development of green finance by sector. In M. Migliorelli & D. Dessertine (Eds.), *The rise of green finance in Europe. Opportunities and challenges for issuers, investors and marketplaces*. Cham: Palgrave Macmillan.

第5章　可持续发展风险和金融稳定：全局视角和初步结论

马尔科·米廖雷利（Marco Migliorelli）
尼古拉·西姆波利（Nicola Ciampoli）
菲利普·德赛尔蒂纳（Philippe Dessertine）

摘要：本章讨论可持续发展相关因素（诸如气候变化、环境恶化、社会不平等、政策和技术转向）可能对金融稳定产生的影响。本章首先分析了，为更好地管理可持续发展风险，金融中介哪些实践需要优化。本章认为，现有的风险管理框架（可能并没有将可持续发展风险考虑进去）和风险承担战略的时间跨度（通常低估了可持续发展风险的长期性）是值得关注的重点领域。为此，本章讨论了为缓解和控制可持续发展风险而采取的一系列政策措施。本章重点关注优化审慎监管手段的必要性和中央银行扮演更积极角色的可能性。

关键词：可持续发展风险；气候变化风险；金融稳定；风险管理框架；宏观审慎监管；中央银行

本章所含内容不代表欧盟委员会官方意见，仅代表作者个人观点。

马尔科·米廖雷利（Macro Migliorelli），第一大学企业管理学院（索邦商学院），法国巴黎。电子邮箱：Macro. Migliorelli@ ec. europa. eu。

尼古拉·西姆波利（Nicola Ciampoli），圣玛利亚自由大学，意大利罗马，电子邮箱：n. ciampoli@ lunsa. it。

菲利普·德赛尔蒂纳（Philippe Dessertine），第一大学企业管理学院（索邦商学院），法国巴黎。电子邮箱：dessertine. iae@ univ - paris1. fr。

5.1 引言

金融稳定是指由金融中介、市场和市场基础设施组成的金融系统，能够承受冲击和消除金融失衡（欧央行，2019）。在金融稳定的状态下，因资金融通过程陷入系统性、严重混乱，进而触发实体经济活动紧缩的可能性将降低。在 2008 年国际金融危机发生以前，Fell 和 Schinasi（2005）明确提出了金融系统维持金融稳定应具备的三个关键特征：第一，有能力促使金融资源高效并且平稳地在储户与投资者之间跨期分配。第二，能够容易地熨平金融和实体经济的波动。第三，要有预设机制和实践，来保证金融中介机构对金融风险进行准确评估、定价和管理。如果有一个或更多特征不被满足，则金融体系可能向不稳定的方向发展，在某个时间点不稳定性可能爆发。监控并且确保金融稳定意味着要充分地考虑各种潜在的对金融中介机构有害的因素，无论来自外部还是内部，评估每个金融行业参与方潜在脆弱性对系统相关性的影响（尤其是后者，以避免传染效应[①]）。

就可持续发展风险对金融稳定可能产生的影响而言，有必要对随着时间推移可能出现的新（和被低估的）风险进行分析。本章围绕这个问题展开论述。为了实现这一目标，本章结构如下：首先，介绍了金融稳定政策框架通常具有的关键特征，以及可持续发展风险在这个框架中可能扮演的角色，该部分在 5.2 节和 5.3 节中完成。其次，注重审慎监管机构的角色，提出有效防范可持续发展风险的系列措施，该部分在 5.4 节、5.5 节和 5.6 节分析完成。最后，5.7 节将给出可持续发展风险和金融稳定之间关系的初步结论。

---

① 在这个方面，巴塞尔银行监管委员会（BCBS）在 2012 年 10 月发布了处理国内系统重要性银行的原则性框架（BCBS2012）。欧盟在《资本要求指令（CRDIV）》中执行了该框架，欧洲银行管理局给各国国家宏观审慎监管当局发布指南，推荐遵循国家级系统重要性银行识别方法。因此，国家当局指定系统重要性银行并为其设置资本缓冲要求。

5.2 金融稳定政策概要

鉴于金融稳定内涵丰富，全球政策制定者一般都通过监管政策和组织结构的组合拳维护金融稳定。就此而言，以限制危机为目标的政策预防机制，在处理具体金融困境时通常伴随补救性伤害。预防机制通常包括定义审慎立法，赋予主管当局和机构特定监督和监管的权力，公众支持建立稳健的实体市场基础设施（和相关市场惯例），以及权威部门定期向公众发布与经济和金融风险紧密关联的信息。另外，补救机制通常预设对陷入困境的金融实体提供不同类型的流动性和偿付能力支持，以及有序管理更深层次危机的机制，包括实体解散。[①②]

在这个语境中，审慎监管代表维护金融稳定的中心支柱，在分析可持续发展风险产生对金融风险的系统性影响时尤为重要。广义上，审慎监管是指对金融机构的监督，确保其遵循相关法律法规，并且遵守金融稳定监管框架相关原则稳健运行。

在过去的20年里，有趋势表明，除了货币政策制定和执行的主

---

① 可参照 Allen 和 Wood（2006）的例子。

② 一个为确保金融稳定而采取监管政策组合和调整组织结构的例子就是欧盟。欧盟将金融稳定嵌入银行业联盟和资本市场联盟共同定义的框架。银行业联盟主要建立在资本要求指令和资本要求法规（CRDIV - CRR 组合，源自巴塞尔协议）、银行处置和退出方案指令（BRRD）以及存款担保计划指令（DGSD）系列法规之上。这一系列法律法规总体目标是通过组合设计减少和分担银行部门的风险来加强金融稳定。从这个角度来看，银行联盟最终的结果将基于三个支柱：单一监督机制（SSM）、单一退出方案机制（SRM）以及相关的单一退出方案基金和欧元区存款保险计划（EDIS）。但是，欧盟的宏观审慎框架在很大程度上是以分散的方式实施的，欧盟各成员国识别风险并在管辖权内实施宏观审慎措施。这种分散安排主要是因为系统性风险通常是发生在一国或一个地区之内，通常与本地区内具体情况相关联（参照 EC2019a）。为了平衡这种分散执行，欧盟宏观审慎监管框架也包含了避免过度异质的机制。为此，欧洲金融监管体系（ESFS）于2010年设立。该体系由旨在推动同时实现欧盟层面金融一体化和成员国层面金融稳定目标的欧洲系统性风险委员会（ESRB）与三个欧洲监管机构（ESA）（分别是欧洲银行业监管局（EBA）、欧洲证券和市场管理局（ESMA）以及欧洲保险和职业养老金管理局（EIOPA））联合组成。另外，资本市场联盟通过相关落实措施也能促进金融稳定，欧盟委员会牵头制订计划，将金融资源引入各类公司和基础设施项目，来扩大和创造就业。第一个建立资本市场联盟的具体实施方案在2015年发布（参照 EC2015）。

体职责外，对信贷和保险机构实施审慎监管也逐步纳入中央银行职责。[①] 针对不同目标，审慎监管机构通常从审慎监管工具包中选择特定工具。就信贷机构监管而言，一些特定工具旨在应对周期性系统风险。这些风险来自借贷与实物/金融资产抵押物估值之间的内在相互作用（抵押贷款和房地产价格之间的关系就是典型例证）。情景分析和压力测试是被广泛使用的工具，用以监控各类型的潜在风险。其他工具则着眼于广泛的金融市场结构，旨在减轻两方面的风险：基于一些金融机构可能会获得的支配地位而产生的风险，以及金融机构之间的高度相互依存关系而产生的风险。在这种情况下，系统性相关银行需要补充资本缓冲，可能缓解风险（比利时国家银行，2018）。最后，还有一些工具是针对其他特定风险的，有的被用于管理银行集团的流动性和资本头寸，有的是根据金融或房地产市场的具体发展情况调整资本要求（比利时国家银行，2018）。

5.3　金融中介机构以及可持续发展风险管理在关键领域的作用

实际上，“可持续发展风险直接导致的金融风险在短期内是有限的”这一观点认为，在接下来的几年内，因气候变化、环境恶化、社会不平等、技术和政策转移等原因出现系统性金融危机的可能性比较低。[②] 然而，可预见的可持续发展风险将大幅增加（今后数十年，全球范围内温度升高引发一系列严重后果就是例证[③]）。因此，监管部门和金融机构应采取前瞻性缓解措施，防范可持续发展风险，保持金融稳定。

在这方面，评估可持续发展风险对金融稳定带来可能的冲击

① 中央银行追求法定文件定义的特定目标，例如，欧央行的主要目标是维持物价稳定，即欧元区消费价格统一指数（HICP）年均增长略低于2%。此外，在不损害价格稳定目标的前提下，欧央行可能要支持欧盟总体经济政策，包括充分就业和平衡的经济增长。

② 可持续发展风险和金融稳定之间关系的更多分析见第1章。

③ 参考 IPCC（2018）或 BIS（2020）。

时，至少应仔细考虑金融中介机构的风险管理和风险承担方面的相关因素。一方面，应考虑现有风险管理框架的可靠性，因为框架可能没有系统地、连贯地考虑到可持续发展风险及其与金融风险的联系。另一方面，应考虑中短期内不同金融中介机构的风险承担战略间可能会出现时间错配，可持续发展风险可能随着时间推移越发显性，其后果预计将在更长的时间内产生越来越大的破坏性影响（英格兰银行，2015；法国审慎监督管理局，2019；国际清算银行，2020）。

金融中介机构有必要将可持续发展风险对其金融风险可能带来的影响纳入风险管理框架。这表明细分领域风险管理的方法递增式发展[①]，风险文化的内涵进一步丰富。重点要加快发展构建能够预测气候和环境变量并且能够针对每个金融中介机构业务（服务于特定地区和特定经济领域）分别定制影响经济场景的模型。此外，由于风险承担活动通常分散在不同运营单位中，不同级别人员熟悉可持续发展因素将越发重要。

另外，金融参与者有必要重新评估其风险承担战略基准，使之能够充分考虑到可持续发展风险（英格兰银行，2015）。事实上，部分金融业参与方倾向于优先采用短期主义策略，在较短的时间取得正回报。这种做法是对可持续发展风险缺少全面理解的表现，很多情况下可持续性相关风险的影响可能在长期蔓延开来。[②] 这里须重点强调，一段时间内累积的失衡得不到及时调整，可能对金融稳定造成威胁。如，因为对未来收益误判而作出错误定价，因政策和技术变化导致资产限制就是这种情况。

5.4　更广泛的政策方法

一般而言，为了应对可持续发展风险可能对金融稳定带来的影

① 更多细节详见第 4 章。

② 比如全球变暖和气候变化，IPCC（2018）。

响，应关注两方面：一是应采取一系列行动降低这些风险发生的概率，二是应寻找消除风险影响的最有效手段。

降低可持续发展风险引发金融风险的概率，仅仅靠金融领域努力是不够的。相反，这需要对人类活动可持续性的不同方面进行事先评估，并设计和评估纠正措施。事实上，逆转气候变化或环境恶化趋势的可能性取决于多种因素，政治参与、有效监管、技术改进、科学研究和投资流量等因素将共同决定这种趋势逆转的可行性和速度（欧盟委员会，2019b；Migliorelli 和 Dessertine，2019）。因此，在制定政策时应该将抗击气候变化、环境保护和修复、减少社会不平等等纳入考虑范围。减少可持续发展风险引发金融风险的政策措施（即理解、衡量和管理不同类型可持续发展风险与金融风险之间的关系），可以在传统审慎监管框架内进行专门评估。

表 5.1 列出了六项关键政策行动，这些行动形成合力，可能会有效限制和应对可持续性相关风险，进而维护金融稳定。实际上，采取这样的一系列行动，会形成包含实现可持续发展社会承诺在内的综合政策。

表 5.1　为抵御可持续发展风险维护金融稳定的关键政策行动

行动	目标
1. 执行《巴黎协定》并实现可持续发展目标	减少风险
2. 将可持续和绿色金融纳入主流考量	减少风险/处理风险
3. 评估气候政策的影响并限制其副作用	减少风险
4. 增强经济对可持续发展风险的抵御能力	减少风险
5. 确保对所有由于可持续发展风险给金融市场带来的影响进行审慎监管	处理风险
6. 建立全球治理结构，分析与可持续发展的风险对金融市场的影响	减少风险

5.4.1　执行《巴黎协定》并达成可持续发展目标[①]

《巴黎协定》和可持续发展目标均诞生于 2015 年，是当今国际

① 对于《巴黎协定》和可持续发展目标更多论述请见第 1 章或 Berrou 等（2019b）。

社会致力于应对气候变化和建设更公平更可持续发展社会的里程碑。然而，越来越多的证据表明，这些谈判成果的命运如何，取决于实施阶段的（必然是长期的）政治承诺。[①] 在欧盟等司法管辖区，已经制定了具体实施步骤来驱动改变[②]，而在美国以及其他国家地区暂未落地相关政策。[③] 不连贯的政治承诺可能会削弱目前为止所作的努力和取得的成果。充分执行《巴黎协定》并实现可持续发展目标，将减少可持续发展相关风险和可持续发展风险可能给金融稳定带来的影响。

5.4.2　推动可持续绿色金融成为主流

可持续发展金融意味着，在投资决策中将环境和社会因素纳入考虑，对长期、可持续发展活动的投资会因此增加（欧盟委员会，2018b）[④]。绿色金融可以被认为是广义可持续发展金融的一部分[⑤]。可持续发展金融市场蓬勃发展，尤其是绿色金融，伴随着参与行业多元化和产品范围不断拓宽，交易量也持续增长。然而，与对可持续发展目标提供有效金融支持的预估需求相比，现在的可持续发展证券的发行实际水平不过是“九牛一毛”[⑥]。事实上，可持续发展金融要在有效缓解可持续发展风险方面真正发挥作用，必须从小众市场走出来，成为一种主流的融资方式。为了实现这一点，政策制定

---

① 尤其对于《巴黎协定》，各国关于缓解温室气体排放的政治承诺至关重要，2014 年，中国的温室气体排放量约为 26%，美国为 15%，欧盟为 10%，印度为 6%，俄罗斯为 5%，日本为 3%，巴西为 2%。资料来自世界研究所。

② 在欧盟这个层面上，至少应提及《欧洲长期远景战略——为了实现繁荣的、现代的、具有竞争力的、无损气候环境的经济》（EC，2018a）和《欧洲绿色协议》（EC，2019b）。

③ 2017 年 6 月，时任美国总统唐纳德·特朗普宣布美国有意退出《巴黎协议》，根据协议本身，美国撤出巴黎协议最早生效时间是 2020 年 11 月。

④ 关于可持续发展金融和绿色金融可能的定义的更多细节，参考 UNEP（2016）或 Berrou 等（2019a）。

⑤ 参见第 1 章。

⑥ 其中一个例子是，欧盟如果要在 2050 年实现温室气体零排放经济，预估每年要投资 520 亿 ~ 575 亿欧元（EC，2018a）。在 2018 年，欧盟实际投资在温室气体排放的债券（绿色金融市场领域的主要债券）不超过 50 亿欧元（作者基于 CBI 数据估算）。

者的充分参与至关重要，仅凭市场力量难以促成必要的转变①。

5.4.3 评估气候政策影响以限制不利影响

预计气候政策将会给经济体带来前所未有的经济结构转变。如果这些政策是有效的，那么随之而来的是一连串技术进步，这些技术进步将有助于减少温室气体排放并最终促使经济对化石燃料依赖度降到最低。然而，政策和技术转变也有可能造成重大的不利影响，因为这些转变会导致大量经济资产快速遭到淘汰，后果难以承受②。这方面的一个典型案例就是，在一个完全由纯电动汽车和绿色建筑构成的社会中，石油公司将变得分文不值。事实上，如不考虑可持续发展扶持政策对传统行业可能产生的冲击，金融稳定则将受到威胁，现有产业将遭到破坏。因此，有必要将气候政策建立在对特定经济细分行业潜在负面影响的评估上，同时在必要时预设缓冲及过渡措施（比如以“过渡资金”的形式）。

5.4.4 为应对可持续发展风险增强经济韧性

金融稳定或将越来越依赖不同经济参与方具有应对可持续发展风险的经济韧性。在这方面，尤其是加强对气候和环境风险（最终可能转化为物理风险及自然灾害引起的其他风险）的应对能力，应被视为未来几年的主要政策目标。原则上，经济参与方应通过不断练内功形成这种经济韧性，特别是通过持续地评估可持续发展风险对其业务的潜在影响，并最后做好相应投资规划。尽管如此，公共机构在本领域仍发挥至关重要的作用，且至少应体现在如下三个方面：一是提升利益相关方的认知，即可持续发展风险对其业务产生影响的概率正在增

---

① 也就是说，要促使可持续发展金融成为主流，可持续发展风险应该被适当的纳入投资家的决策过程，将市场需求有效引导至可持续发展相关投资，必要时，政策制定者应该充分鼓励额外资金支持，银行业要充分参与到转变中来。关于更详细的论述，参见 Migliorelli 和 Dessertine（2019）。

② 预计损失巨大，仅考虑能源部门就高达 1 万亿 ~4 万亿美元（国际能源组织、国际可再生能源署，2017）。

长。由于利益相关方采用短视的冒险方法，并专注于业务周期的特定阶段，这种情形容易被低估。二是确保本国及国际关键基础设施能够抵御可持续发展风险（特别是气候变化风险），避免贸易和商业运营遭受严重中断。三是培养市场自律，允许优化针对可持续发展风险敞口的定价和监测，特别是识别和设置相关风险的具体披露要求①。

5.4.5　确保就所有可持续发展风险对金融市场的影响开展审慎监管

截至目前，只有少数负责金融稳定的监管机构开始研究由可持续发展风险引发金融风险的概率，且主要聚焦气候变化风险，较少关注环境相关风险（英国审慎监管局，2018；法国审慎监督管理局，2019）。随着各方普遍承认可持续发展风险的潜在影响，且相关影响逐步具体化，尤其需要在审慎监管视角下采取更具条理化的应对措施。在所有合理举措中，系统地监测金融体系对可持续发展的总体风险和适应能力，并鼓励金融中介机构制定处理此类风险的具体方法显得尤为重要。此外，还需评估现有审慎监管要求的适用性。事实上，现有资本要求可能在很大程度上无法满足将可持续发展风险完全纳入风险管理框架的要求，进而导致市场失灵的可能性上升。由于巴塞尔框架对资本一致性采用风险加权方法，银行在充分考虑可持续发展风险的同时或将承担不断增长的资本金成本。因此，从中期看，可能还需核实现有资本金要求的合理性，更好地将此类风险纳入审慎监管框架②。

---

① 参见第 4 章。

② 巴塞尔协议Ⅲ框架第一支柱中规定的资本金要求不直接考虑可持续发展风险（只针对与违反环境法规的借款人相关的信贷和操作风险提出明确的资本金要求），因此，可以说，巴塞尔协议Ⅲ框架不适用于促进可持续发展风险逐步整合（剑桥、联合国环境署，2014）。尽管通过与第一支柱相关的监管激励措施（例如通过降低风险权重或使用其他类型的“绿色支持因素”）促进绿色贷款似乎很有吸引力，但审慎机制仍应充分注重风险管理并仔细评估各类创新。微弱的物质激励（例如，略微降低可持续资产风险权重）可能不会改变银行的投资行为，而更大的激励措施可能产生有悖预期的效果，促使监管套利行为转向吸收较少受监管资本金的风险敞口，同时仍承担财务风险和现有监管不确定性（例如，与可持续、绿色或棕色资产的定义有关）。

5.4.6 为分析可持续发展风险对金融市场的影响构建全球治理框架

为分析可持续发展风险对金融市场的影响而构建的全球治理框架，对识别应对可持续发展风险的有效手段大有裨益。事实上，可持续发展风险往往源于不同国家甚至各大洲相关参与方的日常实践。此外，如果不在全球范围内统一行动，应对可持续发展相关因素产生的威胁可能是无效的（努力对抗因温室气体排放导致全球气温上升就是一个典型例子）。就可持续发展风险构建全球治理框架，意味着设立专门机构或组织，赋予其讨论相关事项（如监管有效性、数据收集和共享、方式方法、披露标准）和制定政策建议的权力。虽然规模有限，中央银行与监管机构绿色金融合作网络（NGFS）①、可持续发展会计准则委员会（SASB）② 和气候相关财务信息披露工作组（TCFD）③ 代表了落实这一方向的重要举措。

5.5 可持续发展风险与审慎监管

近几年，金融稳定当局才注意到，对气候变化风险、低碳经济转型反应缓慢风险的认识已经取得了初步进展（欧央行，2019）。

① 在法国中央银行的倡议下，NGFS 于 2017 年 12 月在巴黎举行的“同一个星球”峰会上成立，由 30 多家中央银行、监管机构和国际组织组成（包括西班牙银行、英格兰银行、芬兰银行、卢森堡中央银行、德意志联邦银行、欧洲银行管理局、欧央行、日本金融管理局、比利时国家银行、奥斯泰中央银行、中国人民银行、澳大利亚储备银行、新西兰储备银行）。该机构旨在通过自愿交流经验和最佳做法，推动金融行业对环境发展和气候风险管理作贡献，并动员主流金融机构支持向可持续经济过渡。2019 年，NGFS 发布了关于气候变化作为金融风险来源的第一份综合报告（NGFS，2019）。

② SASB（https：//www. sasb. org/）是一个非营利组织，为可持续发展问题制定财务报告标准。在这方面，SASB 标准的目标是使企业能够识别、管理并向投资者传递具有重要财务影响的可持续发展相关信息。

③ TCFD（https：//www. fsb - tcfd. org/）旨在形成自愿、采用一致方法的与气候相关财务风险信息披露，供公司用于向投资者、贷款人、保险公司和其他利益相关方提供信息。TCFD 尤其注重与气候变化相关的物理、债务和过渡性风险，以及对跨行业均有效的财务信息披露。

包含中央银行在内的金融稳定当局，在工具及数据获得方面仍存在较大欠缺。这些工具和数据包括：风险管理评估和压力测试框架，关于碳排放等方面的全面、系统和可靠的数据（欧央行，2019；国际清算银行，2020）。

如上所述，审慎监管实践应当顺应可持续发展风险新变化并随之改进①。因此，中央银行和监管机构绿色金融网络（NGFS）在2019 年提出了将气候变化因素纳入审慎监管的高层路线图，提出了相应的行动路径。行动路径包括强化企业的认知和能力建设，评估气候风险，设定监管预期，明确要求透明度以促进市场自律，通过金融资源减轻风险。完整的路径规划与相关措施详见表 5. 2②。

① 2020 年 4 月，巴塞尔银行监管委员会公布了对 27 个巴塞尔银行监管委员会成员，包括欧央行（ECB）和欧洲银行管理局（EBA）关于气候相关金融风险倡议的调查（BCBS，2020）的主要结果。绝大多数的监管者察觉到，它们对气候风险没有明确的授权，但是表示此类风险可能会影响到金融机构个体的安全与稳健，并对整个金融系统造成潜在的金融稳定问题。然后，这些机构相信，它们可以在现有职权范围内采取行动以减轻与气候有关的金融风险。即使与气候相关的金融风险没有在其监管框架内被指出，但绝大多数的监管机构认为这些风险仍适用于现有监管框架，因为现有的审慎监管框架要求银行能够管理所有相关风险，包括气候风险。然而，有少数监管机构认为，与气候相关的金融风险应当体现或者嵌入现有的风险类别中（如信用风险、操作风险等），而不是作为一种新型风险被单列出来。不到一半的巴塞尔银行监管委员会成员发布了针对银行的、与气候变化相关的金融风险的治理、管理战略和（或）风险相关的专门监督指引。监管指引选择的形式有指导方针、行动计划和监督声明，且这些规则并不总是具有法律约束力。相反，它更多是一种基于原则的应用或对现有规则的解释。除了监管指引外，一些机构正致力于确定减轻与气候相关的金融风险的“最佳做法”，其中一些做法是与私营部门参与者一起开展的。大多数监管机构尚未将减轻与气候相关的金融风险的措施纳入审慎监管框架。然而，一些机构还远远不能在资本背景下对与气候相关的金融风险进行定量评估。因此，它们在短期内没有计划将支柱 1 和支柱 2 的相关要求应用于与气候相关的金融风险。考虑到对于支柱 2 资本附加项目的应用可能性，一些机构认为，目前的支柱 2 框架对与气候相关的金融风险提供了灵活性。在支柱 2 项下，银行就应当保证有内部资本金充足的评估程序，以确保能控制所有的、支柱 1 项下没有被充分涵盖的实质性风险。如果与气候相关的金融风险对某个特定的金融机构构成实质性风险，那这类风险也应当被包含在内。

② 中央银行与监管机构绿色金融合作网络也提供了六条建议，用以加强中央银行、监管机构、政策制定者和金融机构在绿色金融体系、气候变化和环境相关风险管控中发挥的作用（NGFS，2019）。一是整合气候相关风险到金融稳定监管和微观监管；二是整合可持续发展因素到自我管控体系；三是在数据鸿沟之间架桥；四是建设智慧能力，鼓励技术援助和知识分享；五是实现与气候和环境相关的有强制力和国际统一标准的信息披露；六是支持经济活动按照是否能支持可持续发展来分类。这六条建议没有约束力，反映了 NGFS 成员确定的最佳做法。

此种周全的考虑确实有好处，既能够充分考虑气候风险，将其视为对金融风险有影响的因素，并提出一种方法，以便逐步建立一个结构化的审慎监管框架，进而更好地管理此类风险。然而，中央银行和监管机构绿色金融网络的倡议并不是强制性的，且这个倡议也没有实现全球覆盖（特别是，美国并没有参与此项倡议）。因此，需要在一定程度上容忍不同的声音。此外，受气候因素限制（即不包括环境、社会、政策和技术因素），全面管理可持续发展风险对金融风险影响仍然是一个遥不可及的目标。在这方面，应当鼓励逐步扩大对可持续发展风险的审慎监管。

表 5.2　　将气候因素纳入审慎监管的高层规划路径

行动方针	监管可采取的措施
强化企业的认知和能力建设	• 在公开会议和双边会议期间提升与气候风险的认识；调查这些风险对企业的影响，处理气候风险，制定战略路线图 • 通过举办活动推动科学研究成果转化为金融分析；在企业内建立工作组，如，将气候问题引入风险管理或情景分析
评估气候风险	• 开发分析工具和方法，在微观（金融机构）和宏观（金融系统）层面评估气候变化的实质风险和过渡风险 • 在宏观和微观层面评估并发布对这类风险评估的结果 • 分析“绿色”与“棕色”资产的潜在风险差异。这预先假定监管者和/或主管部门已对“绿色”和“棕色”行为的定义和分类达成一致
设定监管预期	• 发布关于接受监管企业对于气候风险的适当治理、战略和风险管理的指导意见 • 对监管机构进行专门培训，帮助其更好胜任企业风险管理评估工作
要求透明度以促进市场自律	• 根据与气候相关财务信息披露工作组的建议，对公司与气候有关的披露提出预期［详见气候相关财务信息披露工作组（TCFD，2017）］ • 考虑将与气候相关的信息披露纳入（巴塞尔协议框架）支柱 3
通过金融资源减轻风险	• 考虑对未达到监管预期或风险敞口要求的企业适用（巴塞尔框架）支柱 2 中的资本措施 • 根据上述风险评估，可能考虑将其纳入（巴塞尔框架）支柱 1 的资本要求

5.6　中央银行的新角色

各国中央银行，特别是欧洲的中央银行，正在逐渐成为应对气候变化带来的潜在金融风险政策行动中的关键角色（英格兰银行，2015；英国审慎监管局，2018；法国审慎监督管理局，2019），为更好地理解可持续金融风险关系铺平了道路。这种变化趋势与其审慎监管的强制要求相关联，其主要结果是将气候风险评估为一种新的、有可能损害金融稳定性的风险来源。在这方面，各方就开展“气候变化压力测试”的可能性展开热烈的讨论，以衡量金融机构对不同气候场景的适应能力。

尽管如此，在考虑中央银行为确保金融稳定不受可持续相关风险影响方面可能发挥的作用时，另一维度的情况也将纳入讨论，如中央银行职权逐步扩展，并正式将实现可持续性目标纳入监管。这样的情况会带来很大的潜在益处，但也会引发一些具体的风险。实践中，这可能意味着在货币政策的执行过程中，需要通过对中央银行公开市场资产购买操作的证券标的物或银行对中央银行的边际存款业务设定具体的准入标准，以综合考量可持续因素。因此，中央银行的部分操作（就固定的部分、上限或下限而言）可能会保留给可持续证券。在这方面，有待修订的准入标准，最终需要与可持续发展或绿色证券有关的行业标准相符合，同时，需加强现有政策对可持续金融[①]的支持力度。这种做法的主要好处是，将前所未有的大量财政资源用于特定部门或活动（能够促进可持续经济的部门或

① 确立可持续政策的标准并不是一件简单的事，需要做好大量准备工作，尤其是在该标准关乎政策制定的情况下。在这方面至少应考虑两点问题。一是什么样的部门和活动可以获得“可持续融资”或“绿色融资”；二是确定“可持续证券”和“绿色证券”的具有可操作性的标准，如收益使用、收益管理、信息披露要求等。有关这一问题更深入的讨论，请参见 Berrou 等（2019a），关于在欧洲实施的，旨在通过确定可持续活动及其有关标准推动可持续金融成为主流的政策，详见 https：//ec. europa. eu/info/business – economy – euro/banking – and – finance/green – finance _ en.

活动)，从而大力推动可持续金融主流化。最终，这也将减少可持续相关金融风险的发生率，相应地，它也能保护金融的可持续性。然而，这种做法可能会产生一些具体风险。一方面，资金不足的常态和较高的融资成本可能会影响不可持续发展的相关部门，并可能再次引发相关资产价值的大幅下降。另一方面，也是更为重要的一点，将中央银行的职权范围进一步扩大，使其不仅仅限于传统的保持价格稳定的角色和职能，有可能会导致货币政策的有效性受到冲击甚至因此沦陷[①]。因此，有必要对这种扩大范围的政策和治理的影响进行全面的事先评估。

5.7 可持续发展风险与金融稳定性：总结与初步结论

目前为止，现有的证据尚难阐明可持续发展风险对金融稳定如何产生具体影响。然而，国内外机构早已发布早期预警（英格兰银行，2015；国际清算银行，2020）。实际上，气候变化、环境恶化、社会不平等、政策和技术变化等因素在短期内几乎不可能引发系统性金融危机。尽管如此，从长远来看，目前所注意到的气候变化与环境恶化的趋势将持续下去，系统性金融风险可能出现。从这一点来看，危害金融稳定的主要原因可能是金融中介机构对未来挑战艰巨性的普遍误解。鉴于此，充分了解这些新型风险来源及其直接与间接后果，是保障金融稳定性的重要前提，需要在现有风控管理框架和风险承担战略调整机制的优化过程中，充分考虑可持续发展风险随着时间推移而发生的变化情况。另外，政策制定者也应当采取相应行动，特别是通过将不同类型可持续发展风险特征的工具纳入

① 可以说，在某些司法区域内，促进可持续发展已被视为中央银行的次要目标，因此可以在现有法定权限内加以处理，如欧央行的主要目标是维持价格稳定。然而，“在不影响价格稳定目标的情况下，欧央行可能支持欧盟的总体经济政策，尤其是充分就业和经济平衡增长的政策。”

考量，以完善审慎监管方法。如果在《巴黎协定》和可持续发展目标实施方案（该方案可减少与可持续性相关的风险对金融风险的发生概率）给定的框架下开展更广泛的政策行动，会提升政策的有效性。中央银行可以发挥前所未有的领导作用，成为监督金融体系的主要角色，并促进可持续金融成为主流。值得注意的是，将可持续性纳入货币政策的执行，将大大增加用于资助可持续活动的资源流动。然而，这个新身份意味着中央银行需要考虑和整合更为广泛的政策背景，以及有可能削弱货币政策执行在实现维持价格稳定等主要目标方面的效力。

参考文献

Allen, W. A., & Wood, G. (2006). Defining and achieving financial stability. *Journal of Financial Stability, 2*(2), 152–172.

Autorité de contrôle prudentiel et de résolution (ACPR). (2019). *French banking groups facing climate change-related risks*. Paris.

Bank for International Settlements (BIS). (2020). *The green swan. Central banking and financial stability in the age of climate change*. Basel.

Bank of England (BoE). (2015, September). *Breaking the tragedy of the horizon—Climate change and stability*. Speech given by Mark Carney, Governor of the Bank of England.

Basel Committee on Banking Supervision (BCBS). (2012, October). *A framework for dealing with domestic systemically important banks*.

Basel Committee on Banking Supervision (BCBS). (2020, April). *Climate-related financial risks: A survey on current initiatives*.

Berrou, R., Ciampoli, N., & Marini, V. (2019a). *Defining green finance: Existing standards and main challenges*. In M. Migliorelli & P. Dessertine (Eds.), *The rise of green finance in Europe. Opportunities and challenges for issuers, investors and marketplaces*. Cham: Palgrave Macmillan.

Berrou, R., Dessertine, P., & Migliorelli, M. (2019b). An overview of green finance. In M. Migliorelli & P. Dessertine (Eds.), *The rise of green finance in Europe. Opportunities and challenges for issuers, investors and marketplaces*. Cham: Palgrave Macmillan.

European Central Bank (ECB). (2019, November). *Financial stability review*. Frankfurt.

European Commission (EC). (2018a). *A Clean Planet for all. A European strategic long-term vision for a prosperous, modern, competitive and climate neutral economy*. COM(2018) 773 final, Brussels.

European Commission (EC). (2015). *Action plan on building a capital markets union*. COM(2015) 468 final, Brussels.

European Commission (EC). (2018b). *Action plan: Financing sustainable growth*. COM(2018) 97 final, Brussels.

European Commission (EC). (2019a). *European financial stability and integration. Review 2019*. Brussels.

European Commission (EC). (2019b). *The European Green Deal*. COM(2019) 640 final, Brussels.

Fell, J., & Schinasi, G. (2005, April). Assessing financial stability: Exploring the boundaries of analysis. *National Institute Economic Review, 192*, 102–117.

International Energy Agency (IAE) and International Renewable Energy Agency (IRENA). (2017). *Perspectives for the energy transition*.

Intergovernmental Panel on Climate Change (IPCC). (2018). *Special Report. Global warning of 1.5 °C*.

Migliorelli, M., & Dessertine, D. (Eds.). (2019). *The rise of green finance in Europe. Opportunities and challenges for issuers, investors and marketplaces*. Cham: Palgrave Macmillan.

National Bank of Belgium (NBB). (2018, June). *Financial stability report 2018*.

Network of Central Banks and Supervisors for Greening the Financial System (NGFS). (2019, April). *A call for action. Climate change as a source of financial risk*.

Prudential Regulation Authority (PRA). (2018, September). *Transition in thinking: The impact of climate change on the UK banking sector*.

Task Force on Climate-related Financial Disclosures (TCFD). (2017). *Recommendations of the Task Force on Climate-related Financial Disclosures*. Basel.

United Nations Environment Programme (UNEP). (2016, September). *Definitions and concepts. Background note* (Inquiry Working Paper 16/13).

University of Cambridge and United Nations Environment Programme—Finance Initiative (Cambridge and UNEPFI). (2014). *Stability and Sustainability in Banking Reform—Are environmental risks missing in Basel III?*